NOESP

中国教育科研报告

ZHONGGUO JIAOYU KEYAN BAOGAO

2010年第1辑

全国教育科学规划领导小组办公室　组编

人民教育出版社
·北京·

图书在版编目（CIP）数据

中国教育科研报告. 2010年. 第1辑/
曾天山，刘立德主编
全国教育科学规划领导小组办公室组编.
—北京：人民教育出版社，2010
ISBN 978-7-107-22867-4

Ⅰ.①中…
Ⅱ.①全…
Ⅲ.①教育科学-科学研究-研究报告-中国-2010
Ⅳ.①G40-03

中国版本图书馆 CIP 数据核字（2010）第 170086 号

人民教育出版社出版发行
网址：http://www.pep.com.cn
人民教育出版社印刷厂印装　全国新华书店经销
2010年3月第1版　2010年3月第1次印刷
开本：890毫米×1 240毫米　1/16　印张：6.5　字数：185千字
定价：12.00元
如发现印、装质量问题，影响阅读，请与本社出版科联系调换。
（联系地址：北京市海淀区中关村南大街17号院1号楼　邮编：100081）

《中国教育科研报告》编委会

主　任：袁振国
副主任：徐长发　田慧生

编　委：

袁振国　曾天山　刘贵华　鄢　力　吴　键　邓友超　王小明
孙世明　张彩云　丁　杰
耿　申（北京）　周春红（北京）　赵丽敏（天津）　李经普（河北）
李金碧（山西）　刘彦泽（内蒙古）　王群杰（辽宁）　王玉兰（吉林）
李玉杰（黑龙江）　苏　忱（上海）　彭　钢（江苏）　盛阳荣（浙江）
张守祥（安徽）　黄新宪（福建）　武　杰（江西）　亓殿强（山东）
高尚刚（河南）　李文鹏（湖北）　李倡平（湖南）　王斌伟（广东）
袁　旭（广西）　陈夫义（海南）　王纬虹（重庆）　刘建国（四川）
张庆肃（贵州）　常锡光（云南）　夏　贲（新疆）　齐管社（陕西）
李　波（甘肃）　王振岭（青海）　田继忠（宁夏）　韩晓悟（西藏）
马立峰（军事）　高　佩（厦门市）　刘歌颂（大连市）　沈海训（宁波市）
张彦玲（深圳市）　翟广顺（青岛市）

学术咨询委员：

张武升　石　鸥　靳玉乐　石中英　方展画　陈学飞　刘海峰
扈中平　涂艳国　马云鹏　万明钢　熊川武　沈德立　周谷平

合作编辑单位：中国教育学会教育学分会

学术支持单位：

北京师范大学　国家教育行政学院　西南大学　西北师范大学　华南师范大学
首都师范大学　浙江师范大学　广州大学　宁波大学　杭州师范大学
福建师范大学　湖南师范大学　江西科技师范学院　浙江省教育科学研究院
湖南省教育科学研究院　福建省教育科学研究所　重庆市教育科学研究院

中国教育科研报告

人民教育出版社

出版人
李志军

总编辑
徐 岩

监制
魏运华

特约责编
王黎云

丛刊责编
赵云来

主审
吕 达

中国教育科研报告

目 录

第5卷第1辑，2010

研究报告

中外中小学教科书管理制度的比较及启示 ………… 陈月茹（1）
高职院校高技能人才培养模式的研究 ………… 董 刚（7）
我国研究型大学的科研组织创新 ………… 吴晓波（15）
全面小康与基本现代化时期的教育现代化新发展研究 ………… 周稽裘（24）
西南自然/人文生态系统观下特色教育发展策略 ………… 张诗亚（33）

成果公告

"两课"教学中的接受理论与实践研究 ………… 刘丽琼（44）
基于大学科技创新资源的企业孵化器网络系统结构
　　与作用机制研究 ………… 张永安（47）
环渤海高等教育"四位一体"合作模式研究 ………… 赵 宏（49）
儿童入学准备状况的评定与促进研究 ………… 盖笑松（54）
高校社会资本研究 ………… 胡钦晓（58）
高等农业院校实施"一村一名大学生工程" ………… 刘大群（61）

论点摘要

我国基础教育阶段中、高考制度改革的建议 ………… （66）
教师问题行为与学生心理健康关系研究 ………… （67）
青春期心理危机及干预研究 ………… （68）
艺术、发展和教育——心理研究的整合及其在美术教育中的应用
　　………………………………………………………（68）
高等教育中供应链形态的特殊性研究 ………… （69）
合并高等学校发展现状抽样调查研究 ………… （70）
儒学教育传统与政治文明研究 ………… （71）

学界大视野

"顶岗支教实习"学生知识、技能的调查及对岗前培训的启示 …… 张海珠（72）
教育改革与发展的多维审视 ………《教育研究》杂志社（75）

教育科研大家谈

我国高等教育研究的现状分析与未来展望
　　………………………… 钟秉林　赵应声　洪 煜（80）

中国教育科研报告

第 5 卷第 1 辑
（总第 17 辑）

顾问
吕 达

主编
曾天山　刘立德

副主编
鄞 力　刘贵华　张天宝

编辑部主任
张彩云　赵云来

采编部主任
丁 杰　孙世明

推广部主任
王小明

编辑部电话
010－62012570 62057202
传真
010－62367408 62019388
邮政编码
100088
地址
北京市北三环中路46号
电子邮箱
jks.qgb@cnier.ac.cn
网址
http://onsgep.moe.edu.cn

中国教育科研报告 目录

第5卷第1辑，2010

教育著作评论

公平之困：多元复合的释义与解答
　　——读《中国教育政策评论2008》……………………………………………… 李　东（83）
研究教育宏观决策的力作
　　——评周满生等著《教育宏观决策比较研究》……………………………… 王长纯（85）
贯彻教育方针　推进素质教育
　　——读《何东昌论教育》……………………………………………………… 蒋笃运（87）
读《张伯苓年谱长编》有感…………………………………………………………… 张岂之（89）

教育科研机构

四川省教育科学研究所…………………………………………………………………………（91）

历史丰碑

霍懋征：把爱心献给教育的人…………………………………………………………………（92）

学术动态

2009年度国家社科基金单列学科工作会议召开……………………………………………（94）
教育部中小学心理健康教育专家指导委员会全体会议在人教社召开……………………（95）
2010年全国职业教育发展论坛举行…………………………………………………………（95）
2010年度长江教育论坛暨《教育公平论》出版座谈会在京举行……………………………（96）

CONTENTS

Research Reports

A comparative study of the school textbook management systems between China and foreign countries .... Chen Yueru (1)

Research on the model of training skilled professionals in vocational colleges .... Dong Gang (7)

Organizational innovation in China's research university .... Wu Xiaobo (15)

New development in education modernization during the period of building a well-off society in an all-round way .... Zhou Jiqiu (24)

Development strategy of characteristic education under the view of the natural and humanity ecological system in Southwest China .... Zhang Shiya (33)

Outcome Bulletin

Acceptance theory and practical research in the instruction of "Liangke" .... Liu Liqiong (44)

Research on network system structure and mechanism of technology business incubators based on the university of science and technology innovation resources .... Zhang Yong'an (47)

Research on "bohai quaternity" cooperation pattern in higher education .... Zhao Hong (49)

Primary School Preparation in China: its evaluation and development .... Gai Xiaosong (54)

A Study of Social Capital of higher education institutes .... Hu Qinxiao (58)

"Just A College Student" projects in agriculture universities .... Liu Daqun (61)

Abstracted Overview

Suggestions for the reform of college entrance examination and middle school graduation examination in China's basic education .... (66)

A Study of the relationship between teachers' problem behaviors and students' mental health .... (67)

Adolescents' psychological crisis and intervention measures .... (68)

Art, development and education——the integration of psychological research and its application in art education .... (68)

Research on characteristics of the Supply Chain in higher education .... (69)

A sampled study of the recent development of combined colleges .... (70)

Confucian education and political civilization .... (71)

Academic Horizons

A survey on teacher candidates' professional knowledge and skills and its educational implication .... Zhang Haizhu (72)

Education reform and development: A multi-dimensional perspective .... Educational research editorial staff (75)

Research Forum

Current situation analysis and future prospects of higher education research in China .... Zhong Binglin, Zhao Yingsheng, Hong Yu (80)

Report on Education Sciences Research in China

CONTENTS

Vol. 5, No. 1, 2010

Book Reviews

China Education Policy Comments in 2008 ··· Reviewed by Li dong (83)
A Comparative Study on Macro-educational Decisions ···················· Reviewed by Wang Changchun (85)
He Dongchang's Thoughts on Education ···································· Reviewed by Jiang Duyun (87)
A Chronicle of Zhang Boling's Life ··· Reviewed by Zhang Qizhi (89)

Institutions of Education Sciences Research

Sichuan Institute for Educational Research ··· (91)

Historic Monuments

Huo Maozheng: Love for education ·· (92)

Academic Trends

The 2009 Annual Conference of Independent Discipline Projects Supported by National Social Science Foundation
 held in Beijing ·· (94)
Conference of the National Board of Mental Health Education Specialist Committee (Under Ministry of Education) held in People's Education Press ··· (95)
The 2010 National Vocational Education Development Forum held in Beijing ······························· (95)
The book release ceremony of *On Education Equity* held in Beijing ·· (96)

研究报告

中外中小学教科书管理制度的比较及启示*

陈月茹

（山东师范大学）

一、研究内容与方法

（一）研究内容

在学校教育中，教科书具有不可替代的重要地位和不可或缺的重要意义。作为达成教育目标的主要工具，从宏观上看，教科书肩负着传递社会价值的重任；从微观上看，高质量的教科书和学习材料可以为课堂教学提供基本框架，帮助教师制定教学计划，完成教育教学任务。

如今，经济、教育的全球化浪潮对教科书品质提出了诸多新要求，如教育公平、文化多元、与时俱进、贴近学生需求、培养创新精神等，这对教科书制度提出了严峻挑战。

因此，借鉴国外教育发达国家教科书管理制度的成功经验，结合国情、民情，尽快建立完善、完备、合理的中小学教科书管理制度，是当前基础教育课程改革的必要和急迫之举。

本研究以教科书制度的中外比较为对象，在立体化呈现多国教科书制度运行现状的基础上，结合各国国情、史情，讨论分析各自的特色及利弊。本研究力图打破该领域已有研究成果中仅重国别、重现行制度介绍的流弊，从制度中的问题切入，既对教育发达国家的教科书制度作全景描述，同时横向比较各国的不同政策、措施，而后对世界中小学教科书管理制度的渊源、变迁、现状及发展趋向作出较为整体、系统的勾勒，同时联系中国教育改革现实，为有中国特色的中小学教科书管理制度的建立、完善和发展，提出操作性的建议和实施方略。

本课题在论述教科书制度比较研究的现实意义及理论依据的基础上，分国别和问题两个纬度展开研究。

"国别"部分，对中国教科书制度的历史及演进路径进行梳理，探讨发展过程中遇到的障碍和未来走向；选取教育发达国家及传统文化背景或地域与中国比较接近的国家，概览其教育状况，分析其教科书管理的背景与起点；再分别就管理的各个环节详细研究其做法、特色、经验、教训，从中寻找可资借鉴之处。

"问题"部分，围绕教科书的编制、审定、出版发行、选用和评价展开研究，按照国内现状→存在问题→国内外制度比较→可资借鉴的策略和思路，对这些问题逐一进行分析讨论。

研究对象包括中外两部分。中国部分的研究对象是大陆、香港、台湾、澳门地区中小学教科书管理制度的历史变迁及现状；国外部分的研究对象按照教科书制度管理类型大致划分为集权制和分权制，其中分权制选取了英国、美国、法国、日本、德国、加拿大、澳大利亚为代表，集权制选取了俄罗斯、巴基斯坦、韩国、泰国、马来西亚和新加坡为代表，研究了其中小学教科书制度

---

*本文是山东师范大学陈月茹副教授主持的全国教育科学"十五"规划教育部青年课题"中外中小学教科书管理制度比较研究"（课题批准号：EDA050195）结题报告的主要内容。

的历史变迁及现状。

（二）研究方法

本研究采用的方法包括：

1. 文献法

主要用于文献的梳理。

2. 比较法

主要用于横向比较。教科书制度的结构和内容、教科书制度的运行环境、教科书制度的实施效果等研究采用此法。

3. 历史法

主要用于纵向比较。教科书制度的演进等研究采用此法。

二、建立和完善我国教科书制度体系

教科书制度是一个非常复杂的综合体，是教育、政治、经济、管理、技术等相互博弈的产物。若要建立灵活有效的教科书制度，应对各方面的情况加以综合考虑。

（一）建立我国教科书制度支持系统

教科书制度的顺利实施需要一定的条件，例如：教科书的出版、发行对人力、物力、制度等方面的要求较高。从人员方面看，需要既有专业知识又有教育学素养的编写人员、版面设计人员、教科书田野试验人员、出版印刷人员、市场营销人员、管理人员等。从物力方面看，要有充足的资金，有储存生产原料、教科书的场所，较好的印刷、装订设备等。教科书的发行也需要有交通路线、销售网络、运输工具等。教科书的选用与教师关系密切，发达国家的教科书出版商为了推销教科书，非常注重对教师进行教科书使用的培训。

以英国为例。英国教育制度经过几百年的演化，变得非常复杂。从历史上看，各种类型的学校，别具特色的课程，众多的考试委员会，多种多样的教学方法，需要多种不同的教科书与之匹配，客观上刺激了别具特色的英国教科书制度的形成，而这种制度也较好地适应并满足了教育的需要。

作为一个老牌的资本主义国家，英国有着发达的市场经济。商业教科书出版公司围绕着编辑—出版—销售，完全按市场模式运作。整个经营管理思想均围绕人性化的企业文化和严格有序的管理制度精心制定。英国教科书出版业有很好的商业信誉，有稳定清晰的市场目标。

英国虽然没有关于教科书制度的法律和政策，但是政府和各种组织在教科书出版中却起到了启动、支持、保护的作用。例如，政府启动的"教育、教育、教育"活动，使社会对教科书的重要性有了共识。各种组织在教科书制度中的作用也不可忽视：英国教学供应协会每年举行几次重要的活动，包括大不列颠教育技术和训练展示、苏格兰教育技术和训练展示，以及北爱尔兰教学、教育展示；英国教育出版商协会还出版教育市场杂志，为教师提供试用新教育材料的机会，同时这也是很好的广告；《泰晤士教育增刊（周刊）》是一个集新闻、评论、广告于一体的公共平台，被很多教育公司订阅；英国出版商协会教育出版商分会（EPC），是一个将教师、出版商、考试委员会、政府代表联系在一起的组织，它对促进学校书籍的发展起到了积极的作用。

因此，我国教科书制度改革一定要注意支持系统的建设。

1. 资金

对发展中国家来说，资金是制约教科书制度改革的瓶颈。因此，我国应采取多种途径，如通过国家的教育资金投入、教科书出版业之间的合作、国外资金（世界银行、教育组织）的投入等，保证教科书生产、发行等资金的到位。

2. 人力培训

教科书制度的建立与实施，需要有编写、设计、印刷、营销、管理等大量的专门人才。要建立完善的制度，对各类人才的培养需要寻求国内、国外各培训组织的帮助，同时要采取措施防止高级专业人才的流失。从目前情况看，可实施出版企业间的联合，以弥补人才的短缺。在人力培训方面，对教师的培训更应该引起我们的注意，因为我国教师的职前、职中培训，均缺乏与教科书编写、使用及选择有关的内容，更谈不上系统全面的教育。

3. 基础设施建设

教科书制度的建立与执行，还需要关注基础设施，如教科书生产的厂房、教科书储存的仓库、教科书运输的线路和工具等，而这一切均需有明确的政策和充足的资金作保障。

4. 信息库的建立

在电脑和互联网普及的当今社会，教科书制度的建立和执行还需要大量的、准确的、建立在实证调查基础上的信息。例如，对教科书出版环节来说，出版社的人员能很便捷地得到各省和全国的各年级人数、教材使用情况、教材购买能力等基本信息，这对教科书的出版是很有利的。

5. 相关制度的建立

教科书制度是国家制度的一部分，它要受到其他制度的制约。如版权制度、税收制度、课程改革进度等，都会对教科书制度产生影响。一个缺少版权制度、课程改革太过频繁或纸张等原材料的税收与教科书税收不协调的环境，会对教科书出版商的积极性产生不良影响。

（二）理顺我国教科书宏观管理手段

英国和我国香港地区教科书制度是分权制，完全利用经济手段进行直接调控，政府对教科书制度的管理是间接的。中国、加拿大安大略省和我国台湾地区的教科书制度是混合制，既通过行政手段又通过经济手段对教科书制度进行管理。

目前，中国的教科书制度，主要通过多部委联合发布的通知、规定、条例进行规范。当行政手段与经济手段并用时，要做好权利的分配和责任的划分就会变得十分困难，稍有不慎就可能造成混乱。以我国教科书出版、发行竞标制度来说，政府代替实际采购单位与中标者签订合约，使得中标者与实际采购单位无条款约定，出现了一系列问题，如学校不从正常销售渠道进货，征订延迟，货款回收困难等，单是陕西省2006年春季各学校的欠款就达1 300多万元。因此，认真分析加拿大的教科书制度会对我们有所启迪。

加拿大安大略省的教科书制度是四大利益团体博弈的结果。四大利益团体是"专业能力"的专家团体，"行政权利"的省教育部，"代表性"的教师和学校委员会，"经济利益"的出版社团体。

"行政权利"团体是"加速器"而不是"游戏者"，"行政权利"团体的主要任务是建立法律以联合所有相关的利益团体，统一对教科书制度重要性的认识，提供综合框架以便使用明确的目标，特殊的政治、经济、法律手段，规范和管理教科书的生产。在加拿大，省教育部是行政权利的代表，根据安大略省的教育法8（1）规定，其主要责任有：（1）建立教科书和其他学习材料选用和审定的程序。（2）选择和发放教科书及其他学习材料。（3）选择和审定教科书、图书、参考书和其他学习材料。（4）经常公布教育部选择和审定的教科书、图书、参考书和其他学习材料的书单。（5）与个人、委员会和相关组织就教科书的编写、出版达成协议，并支付全部或部分款项。

自教科书出版业进入产业化后，教科书出版就不仅是一个编写的问题，它还需要保证现代出版企业追求利润的要求。出版集团是"经济利益"的代表，出版商完全可以用合法的手段降低教科书的成本，扩大教科书的销售，以取得最大的产业效益。

学校委员会是亚文化的代表，负责挑选最适合本校情况的课本。专家团体是"客观知识"的代表，决定哪些文化能够被写进教材。这四大团体的相互博弈造就了加拿大安大略省的教科书制度。

教科书制度发展史告诉我们，在我国教科书制度中，强有力的行政手段是必不可少的，各种法律手段和经济手段的运用也要加强，以符合社会主义市场经济的发展规律。在同时运用行政手段和经济手段时，必须做好权利的分配和责任的划分。我国教科书制度的分权，不仅要包括中央政府与地方政府之间的分权，也要包括政府与学校、企业和社会组织之间的分权。总之，是各办学主体、投资主体和管理主体之间的分权，是政事分开、责任分担、权利制衡、利益共享，是建立在权责统一基础上的分权。在教科书制度中，有政府的责任、企业的责任、学校的责任、社会的责任。目前，在我国现行的教科书管理制度中，政府的责任和企业的责任还未完全分开，学校和社会还未承担应有的责任。在今后的改革中，务必理顺各类利益攸关者的关系。

（三）完善我国教科书制度的基本内容

与其他国家和地区相比，我国教科书制度的基本内容还有不够完善之处，需要进一步修订。

1. 对教科书物理属性的监控

在教科书的审定制度中，美国等国家送审的教科书为成品书，所以有审定教科书物理属性一项，而大陆送审的教科书为书稿。因此，我国现行教科书审定制度要求审定教科书物理属性这一条款形同虚设。该如何监控教科书的物理性质？是否可以像我国香港特别行政区、台湾省一样，建立事后跟踪机制？这是完善教科书制度需要进一步思考的问题。

2. 对出版、发行、使用年限的限定

在我国现行教科书制度中，出版和发行权都

为两年,这是否太短?通过审定后教科书应该使用的年限是多少?

众所周知,出版企业的利润是靠教科书的销售取得的,教科书出版之后的两年内,出版企业得到的利润很低。为此,新加坡规定,教科书的审定期限是十年,加拿大的审定期限为五年,我国台湾地区的审定期限为六年。

我国制定两年期限的发行权和出版权是否太短?在教科书由国家控制低价销售的情况下,如此短暂的出版发行权,是否会诱使教科书出版商以低质量换取高利润?是否会使教科书出版商将大量的精力放在竞争出版、发行权上,从而影响教科书的研发?这都是需要考虑的问题。

3. 增加预防、杜绝教科书腐败的制度

在选用过程中,是否应制定具体条例防止教科书腐败?我国在教科书选用过程中,公布了监督机构的名称和监督电话,但是,教师和家长很难判断怎样的行为属于违规行为,很难肩负起监督的责任。因此,建议采用我国香港特区、台湾省的做法,制定明确的文件,规范教科书选用行为,并且保证公众的知情权。

4. 明确评标专家资格认定办法

在教科书出版、发行竞标工作中,参与竞标的企业人员不能参与评标,但受我国教科书发行传统体制的影响,教科书发行的专家主要集中在新华书店系统。新华书店系统若参与竞标,就无法参与评标。因此,评标专家该如何选择需要进一步明确。

(四) 我国教科书制度的改革进程

通过对多个国家教科书制度演进史的分析,笔者认为教科书制度有如下特征:

教科书制度具有目的性,如果没有目的,制度就不存在。从文献中可以看出,日本任何一个时期的教科书制度都是为当时的国家政治服务的。印度在殖民地时期的教科书制度是英国殖民者为其殖民统治服务的。美国教科书选用制度的出现也是为了满足教育的要求。

教科书制度具有系统性,它服务于更大的系统,并与其他的系统相互作用。从文献中可以看出,无论哪国的教科书制度,都与该国的政治、经济、文化相联系。例如,日本政治、经济改革导致了教科书制度的变化;美国教科书制度的产生,也与平民主义模式的宪法、强有力的立法机构、教育本身的需要等有关。

教科书制度具有反馈性,政治、经济的变化必然带来教科书制度的变革。但是教科书制度的变化因为受到其他因素的影响,有时也很缓慢,是一种长期的过程。例如,在英国的殖民统治瓦解之后,印度依然保持着旧的教科书制度。美国学者在讨论教科书制度改革时也指出,教科书制度与历史、文化相联系,改变起来并非易事。

从教科书制度发展史可以看出,教科书制度的演变具有不同的历史过程,在这个历史过程当中,政府的扶持作用不可低估。如在新加坡教科书制度改革的各个阶段中,政府的扶持力量从未缺失。

我国教科书制度的改革,有其自身的历史背景。宏观上讲,这是中国政治、经济、文化发展的必然结果,同时受到各国教科书制度的影响;微观上看,直接因素有两个:一是政府希望通过放开教科书制度促进出版、发行业的发展;二是教育理论的呼唤。

我国的教育理论呼唤灵活多样的教科书制度,希望通过放开教科书制度这一措施,促进适合不同学生、教师的教科书的出版。但是教科书制度的实行还要受其他因素的制约,如出版、发行业对经济利益的追求。我国东北、西北、西南地区人口稀少,交通不便,这势必增加出版发行的经费,很难吸引出版商为这些地区专门研发教科书及教学辅助材料,教育理论的呼唤难以得到回应。

根据我国的现实国情,笔者认为,教科书制度改革不可一蹴而就,要分两步走,进行划片改革。我国东部地区人口稠密,经济发达,出版和发行体系较为完整,基础设施较好,文化发达而且基本同质,属于汉族文化圈。在教科书制度的管理上,可更多地向我国香港特区等地区学习,多采用经济手段调控,尽早建立开放的教科书制度。东北、西北、西南等经济欠发达地区,从经济角度分析,基础设施较差,教科书出版、发行成本居高不下,加上面向少数民族的教科书所需数量较少,对出版商而言经济利益不大,单纯放开式教科书制度很难使出版商研发针对此类地区的教科书。从社会角度分析,以上地区少数民族众多,教科书还肩负着民族融合的重要任务。因此,东北、西北、西南地区应更多地借助国家力量,以保证高质量教科书的供应,随着条件的完善再考虑逐步放开教科书制度。

三、对策与建议

（一）教科书的编制

1. 建立健全开放的教科书编制制度

建立和健全开放、自由、多元、规范、合理的教科书编制制度和机制，制定规范教科书市场的相应法律与法规，促进公平竞争，提高教科书出版质量。将教科书编制纳入市场和法律双层管理体制之中，消除教育行政部门对教科书编制（者）的不正当干预和控制，还原教科书编制者应有的法律权利。

2. 规范编制队伍

通过实行教科书编制者资格认定制度和教科书出版资格认定制度，培养和发展一批专业化和个性化的教科书编制队伍，大力扶持一定数量的专职教科书出版社。在这些出版社中，必须有一定数量的专职人员，负责教科书的编写及使用中的跟踪调研。实行教科书出版资格认定制度，可以防止出现各类出版社单纯为争夺经济利益、一哄而上参与出版的不利局面，有效保障教科书编制的高质量和多样化。

3. 设立教科书资料中心

鼓励有实力的一家或几家教科书专业出版社成立教科书资料中心，负责收集国内外的教科书以及有关教科书的研究成果，不仅给教科书编写者、审查委员会、选定委员会提供有关资料，同时对教科书的教学效果进行跟踪调查和分析。

（二）教科书的审定

1. 确立审定委员的任用机制

教科书审定是一项专业性极强的工作，必须由既熟悉评审知识又掌握实践经验的专业人员从事。审定队伍应相对稳定，以确保一段时期内工作的连续性、一致性。进一步建设完善审查委员库，聘任部分专职审查委员，进行入库专家的上岗培训。应确保审定委员的业务素质和思想素质，树立教科书审定委员会的权威和信誉。与此同时，要坚持民主集中制原则，将教科书审定权逐步下放给出版社、学校、家长及社会，完善教科书的市场（社会）监督与裁判机制。

2. 建立健全教科书审定章程

审定章程应严谨、细致、合理、易行，内容包括审定范围、对象、内容、方法、基准和程序等审定工作的各个方面。要制定教科书审定标准，判断教科书的内容与教育目标的一致性、与学科目标的一致性。教科书的审定要从如下几方面进行评价：内容的正确性、内容及范围、内容的程度、组织排列、分量、表达、使用上的方便、地区差别、学校差别、创意性等。既要评价内容的选择、内容的排列和整合、语言文字，又要评价教学设计和编印设计等。

3. 建立教科书审定的公示制度

向社会公开审定人员、审定过程和审定结果，以此加强对审定工作的监督，求得社会的信任和理解，同时使社会各界更加关注教育。

4. 切实落实编写、审定和选用相分离的原则

要以法律法规形式确保教科书编写人员、审定人员不以任何形式参与教科书选用工作，以保证教科书试验和选用的公平、公正和客观。

5. 进一步明确教科书审定宗旨，力争平衡国家意志与利益和个别价值、教育原理之间的矛盾或冲突。

（三）教科书的发行、供给

1. 制定激励制度，鼓励专业教科书出版社的形成和发展

政府应采取措施鼓励专业教科书出版社的形成，避免少数出版社的垄断，通过引进竞争制度，实现教科书实质性（不只是数量上）的多样化。为此，一方面，对出版社和编写人员要有一定的资格要求，例如资本额、出版社的编写能力、编写人员的资格等；另一方面，还要引入市场机制，充分挖掘民间力量。

2. 以法律规范出版社的宣传、促销行为

为了使更多的人了解和参与教科书的审定和选用工作，出版社对教科书进行适当的宣传（例如，教科书的特色等）是必要的。然而，过分的宣传会影响教科书审定和选用的公平合理性，提高教科书的成本，还可能导致教科书市场的垄断，也会影响教科书市场的开放。因此，政府有必要制定类似于日本"独占禁止法"的法律法规，杜绝不正当手段推销教科书，保障公平竞争。

3. 分阶段尽快推行教科书无偿制度

义务教育是政府行为，是国家行为，是国家义不容辞的责任。世界多数教育发达国家采用的教科书无偿（出借或供给）制度是较理想的。目前，中国的大多数地区由于经济发展水平的制约，尚不具备实施教科书无偿制的条件，只有少数地区正在进行试点工作。但实行教科书无偿供给制，并不仅仅可以解决贫困人口子女的受教育问题，更会给教科书本身从形式到内容带来巨大变革。从国外经验看，无偿制因与循环使用制配套，并不会给政府带来过分沉重的经济负担。根据我国实际，可以从小学低年级起试行有偿出租制，逐步过渡到无偿出借制；先面向义务教育阶段低收入家庭的学生，逐步推及全体学生；先无偿提供教科书，待经济实力许可时再推广至各类教辅材料。政府应千方百计尽快实现义务教育阶段教科书的完全免费，这是加快教育振兴步伐的必由之路。

（四）教科书的评价

1. 评价方式多元化

教科书的评价，不但要对静态资料进行调查分析，还要通过问卷调查、听课、与教师、学生座谈等多种方法和手段，收集一些更为具体的、实际的反馈意见，对教科书进行专题分析、定性评价。

2. 建立健全出版社自评制度

要求申请教科书初审的出版社或编写人员提供教科书的自评报告，包括与以往教科书相比较的纵向评价，与其他出版社教科书相比的横向评价。送交审定的教科书试验报告，应包括教科书试验情况、效果和教研员、实验学校、教师、学生、家长对教科书的评价。

3. 完善初审后的申诉制度

对初审未通过的出版机构，教科书审查委员会应建立复审机构和一套申诉程序，允许他们对裁定提出异议，针对落选理由提出申诉。从而保护出版社的工作积极性，不让优秀教科书因偶然或人为因素被排斥在外。

要避免靠行政命令指定教科书，切实给予学校自主选择教科书的权力，教育行政部门负责提供指导并进行监督。尽快实行教科书选用委员会委员的培训上岗制度，完善其工作章程。强化选用工作中委员会的选用调研反馈机制，增加教科书选用的公正和客观性、减少盲目性。

4. 加快研制具有中国特色的教科书评价系统

目前，国家教育部已研制出"基础教育教科书评价工具"，各省、直辖市应在此基础上开发更为具体、可操作的各学段、各学科教科书审定、评价体系。该体系既要能评价出教科书是否符合国家课程标准的要求，又能评价出其特色及适用性，使教科书特色和适用性的确立更加科学化、客观化，为教科书选用提供依据。

5. 运用法律手段确保评价的公正公平

制定完善的法律法规，对教科书评价人员的任用、考核作出相应规定，以法律形式确立中小学教科书评价人员的责、权、利。对教科书评价结果的社会监督机制和运行程序也应以法规形式作出明确界定，防止其流于形式。

（五）教科书的选用

1. 教科书选用权逐步放归学校

从教育发达国家的经验看，教科书选用权下放是凸显学校和教师主体地位之举，是大势所趋。我国第八次基础教育课程改革，在课程计划中给学校预留了比以往任何时期都大的发展空间，相当一部分的校本课程可以由学校自己安排决定，这为学校、教师的自主选用权奠定了技能基础和心理基础。但由于国家放开教科书编写、出版权时日还较短，市场还不成熟，所出版的教科书难免鱼龙混杂，建议目前先由市、县教育局成立教科书选用委员会，在充分了解所辖各校需求的基础上，对各年级核心学科拟订出两种以上的候选书目供学校选择。非核心学科教科书选用权放归学校，但选用与采购权分离，由市、县教育局统一采购。折扣款由教育局和学校双方按比例分成。各省成立教科书选用督察机构，负责监督各市、县教科书选用的公正、公开，处理在选用过程中当事各方的纠纷。

2. 制定政策法规约束选用者行为

为杜绝教科书选用中因利益驱动带来的违规现象，建议各省根据新一轮教育发展总体策略，更新《中小学教科书选用管理办法》，将教科书选用机制中市、区、县及学校的角色分工制度化、规范化。"办法"还应规定违规现象处罚条例，以界定选用人员职责范围，规范选用行为。

3. 选用结果向全社会公开

建议各市、县教科书选用委员会设立入选教科书网上和实物展示处，面向全社会展示入选教科书及其评价报告。关心教育的各界人士可以随意浏览并提出意见、建议。

高职院校高技能人才培养模式的研究

董 刚
（天津职业大学）

一、高技能人才培养模式内涵分析

（一）准确定位高技能人才培养目标

高技能人才属于应用型人才范畴，其与知识型、学科型、研发型、创新型人才有本质区别，也与一般技艺型人才有明显不同。高技能人才是指能"适应生产、建设、管理、服务第一线需要的，德智体美全面发展的高等技术应用型人才"。其本质特征是具有专业基本知识和基本技能的实际应用能力，即具有鲜明的实用性和实践性；其规格特征为高等技术应用型人才，即具有明确的高层次性；其行为特征是知识与技能的应用活动不是机械地模仿和简单地劳动，而是在"应知"基础上"应会"的智能性行为。

高技能人才在人才范畴中层级较高，是在生产性服务等领域岗位一线的从业者中，具备精湛专业技能，关键环节发挥作用，能够解决生产操作难题的人员，包括技能劳动者中取得高级工、技师和高级技师职业资格及相应职级的人员，主要分布于第一、第二、第三产业中技能含量较高的岗位。高技能人才是我国人才队伍的重要组成部分，是各行各业产业大军的优秀代表，是技术工人队伍的核心骨干。

在人才培养模式的基础上对高技能人才培养模式进行研究意义重大。中共中央办公厅、国务院办公厅已联合下发了《关于进一步加强高技能人才工作的意见》，对此作出了明确规定，要求采取措施培养占技能者25%以上的高技能人才，以适应国家产业结构的不断调整、升级。因此，高技能型人才培养的目标要求是：既要掌握"必须够用"的专业理论知识，又要掌握基本的专业实践技能，关键是要具有综合职业能力和全面素质。

（二）构建系统化的课程体系

随着产业的升级和调整，对高技能人才要求更加全面，其内涵不单是体现在岗位能力这一个方面，也体现在迁移能力和再学习能力等多个方面。培养全面发展的高技能人才，其内涵是尊重以人为本的发展规律和认知过程，沿着高技能人才培养这一主线，在上岗能力、岗位的迁移能力和个人可持续发展能力三个方面，构建以培养"上岗能力、迁移能力、个性发展能力"为目标，以"职业素质、知识结构、职业能力"为培养要素的高技能人才培养模式，培养高素质的职业人、合格的社会公民。

1. 系统化课程体系内涵解析

课程体系是为了完成培养目标把教学内容按一定组织结构所搭建起来的支撑框架，是教学内容和教学进程的总和。而系统化就是通过分析、综合，把体系中的各个部分归入一定的顺序，并使各个部分有机的关联，构成支撑框架下的一个或几个子系统。系统化的课程体系就是构建以培养全面发展的高技能人才为目标的课程结构，实现职业素质成系统、知识结构成系统、职业能力成系统、教学管理建平台，形成"三系统一平台"系统化课程及支撑体系，如图所示。

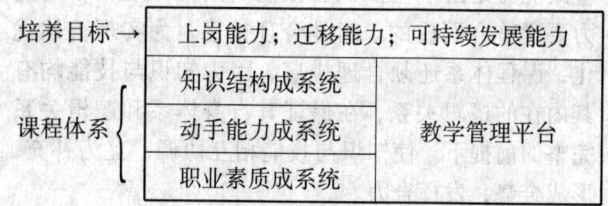

图 系统化课程体系示意图

2. 系统化课程体系的构建原则

（1）在课程的目标指向上，突出高技能人才培养。无论是以职业活动、能力训练或能力本位作为导向，还是将理论与实践并重发展，亦或是以项目运行为载体，其中心点都在于紧紧围绕高技能人才这个目标，突出实践、突出能力、突出应用。

（2）在课程设计的理念上，突出职业教育的特征。课程体系的构建理念应强调为学生的职业生涯

---

* 本文是天津职业大学董刚教授主持的全国教育科学"十五"规划教育部规划课题"高职院校高技能人才培养模式的研究"（课题批准号：FJB060414）结题报告的主要内容。

作准备,为训练职业能力作准备,明确围绕职业岗位工作实践进行课程和组织实施的思路。

(3) 课程体系构建应以某个工作岗位为出发点,由岗位扩展到职业或行业,并将学生个体的职业生涯规划或转型作为考虑因素。就岗位内涵而言,由于技术快速发展也常处于变动之中,同时社会人员的利益导向和价值取向也常使个人的职业经常变动,人才流动已成为一种正常的社会现象,就业、生存需求也必然对课程目标和内涵产生影响,课程体系构建的初始元素也毕竟更为具体和微观,以工作岗位作为起始点较为可行。

(4) 课程体系应使学生获得一定的发展、综合和创新能力。在系统化课程体系中培养出的高技能人才必须满足、符合社会对其基本的要求及趋势:一是具有在迅速变化的环境中适应、生存和发展的基本素质。二是具有解决实际问题的综合技术应用能力。技术发展的综合化特征,首先是技术工作岗位综合程度的提高,必定会在技术应用中体现出来。三是加强创新精神与开拓能力的培养。

(5) 系统化课程体系遵循优化衔接、定向选取、有机整合和合理排序的原则。一是优化衔接。课程体系的构建,不能离开学生原有的学习状态,应尽量与前一阶段的学习内容相衔接,否则会出现学生个体知识结构的缺失或不完整。二是定向选择。课程内容应按形成专业技术应用能力的需求,经过调查研究后,再综合分析加以确定。三是有机整合。教学内容确定后,应对教学的主要内容进行整合,这一整合是以技术应用能力培养作为方向的。技术应用能力是由一些知识和技能所共同体现出来的能力要素整合而成的。四是合理排序。为实现整体优化,课程体系还须合理排序,因为知识与技能均有其内在的逻辑关系,在保证其自身体系和逻辑关系完整的前提下,使知识与技能相互协调、互为补充,形成合势,发挥合力。

(6) 在课程体系的建构上,突出校企合作与工学结合的特征。校企合作、工学结合是理论和实践相结合的形式,是目前培养高技能人才的"捷径",它既能促进职业院校专业建设,又能直接为经济建设提供服务。

3. 职业素质课程成系统

高技能人才素质可以分为基本素质和职业素质。基本素质是普适性的,主要包括思想道德素质、文化素质、心理素质和身体素质,它是职业素质的基础。职业素质是"职业人"所应具有的基本职业素质,如合作能力、公关能力、解决矛盾的能力、心理承受能力等。

构建系统的职业素质课程体系,在培养学生职业专长的同时,更加注重对学生社会主义核心价值观教育、职业道德和综合素质的培养。职业素质课程体系以"四环节,三阶段"为框架,即将职业素质基本课程、职业素质拓展课程、职业素质实践课程和职场文化课程四个环节,通过在第一学年的职业领域能力学习、第二学年的职业岗位素养训练、第三学年的社会就业能力提升等三个阶段中得以落实与强化,从而使高技能人才具备较高的职业素质和修养。首先在第一学年中实施职业素质基本课程,坚持科学与人文素质教育的融合,培养学生的科学素养和不断获取知识、完善提高自我的方法。第二学年实施职业素质拓展课程,加强人文素质教育,夯实其人文素质底蕴,同时坚持对学生身心素质的教育。开设心理健康教育专题讲座,加强劳动锻炼和军事训练,积极开展集体活动,有意识地进行一些挫折教育,培养学生面对社会、面对困难的正确心态。第三学年开展职业素质实践和职场文化教育,强化专业思想教育,培养学生珍重和忠实于自己的职业,具有很强的职业自豪感和责任感,立足本职工作,扎扎实实为社会做贡献的敬业精神。

构建系统的职业素质课程,使学生自入学伊始就要对其实施系统化的职业素质教育,介绍本职业的发展前景,并与学生个人的思想教育、前途教育结合起来,激发学生对所学专业的兴趣,培养学生的团队精神,树立敬业的职业情操。

4. 知识课程成系统

人本性原则是实现系统化知识课程的保证,只有经由人本性原则对知识课程的梳理,反思性思维使其内化,才能使课程内容转化为个体的能力。知识课程体系应符合人类认知心理顺序,重视科学精神和文化创新能力的培养,以造就"全面发展的人"为目的。知识课程体系的完整,直接表现为重视个人的道德精神状况和文化素养的提高。知识课程体系应从进入高职院校学生的现有特征出发,选择适合学生需要结构、经验准备状态和认知发展水平并能促进它们进一步发展的顺序或方式,来制定实施课程,从而保障引导学生进一步的成长和发展。但要明确的是,高职院校的知识课程体系也不是完全按学科知识的逻辑体系而展开的;同时它还通过与知识课程体系配套构建的学生能力课程体系一起,通过行为活动或项目的完成来构建及实施。这些行为活动或项目是从当前经济社会中所需的职业、工种和岗位中凝练、提取出的,再由知识课程对其进行理论的解释和传授。

知识课程体系建设应成为具有多层次、多结构的系统化课程体系：纵向结构是以基础性知识课程、发展性知识课程、高层次知识课程三个不同性质的课程为内容，实现学生对知识的了解、习得与传承，完善并形成学生个人的知识结构；横向结构是以课堂为核心向学校教育、企业培训、社会实践、国家认可、国际通行等逐步拓展，构建结构纵横交织，个人知识与个人能力相互渗透，个人知识与实际应用相互作用、个人知识与个人发展相互协调、促进发展、课内外有机结合的知识课程体系。通过纵向拓展和横向拓展，形成结构互相联系、内容相互递进，互动协调发展的知识课程体系。

知识课程以某一专业为切入点，以围绕、服务该专业所"必需、够用"的知识为主线，突出职业导向，划分类别异同，遵循认知规律，兼顾潜力提升，采用情境、项目、模块等课程结构，对知识内容序化、课程内容的编排按照个人能力的培养过程，呈现一种串行结构的形式。学习过程中学生认知的心理顺序，利用知识课程与专业所对应的典型职业工作顺序，或是对实际的多个职业工作过程经过归纳抽象整合后的职业工作顺序，即按照专业来组织知识课程内容的编排、序化行动。首先围绕宏观工作任务选择并确立功能性知识；再根据过程中的系统工作任务设立关联性知识，考虑在前后关联、生产技术和劳动组织的系统结构情况下完成的工作任务；最后围绕具体工作任务设置入门和概念性的知识。这样，按照行动顺序的每一个工作过程环节来编排相应的知识课程内容，实现实践技能与理论知识的匹配，将收到事半功倍的效果。鉴于每一行动顺序及过程都是一种自然形成的过程序列，具有一定的逻辑系统性，以此为主线编排的知识课程也将具备系统性特点，学生认知心理顺序和知识结构也可循序渐进自然形成。

5. 职业能力课程成系统

系统化的职业能力课程力求首先在具体的操作层面上摆脱浓厚的理论色彩，使其变得更加具体化和现实化，其理论基础来源于行为主义和认知主义学习理论。系统化的职业能力课程强调通过有目的、有针对性地强化在学习领域中建立刺激与反应的联系，塑造学生良好的认知结构，培养学生成为复合型人才，为增强对人才市场和劳务市场需求变化的心理承受能力和应变能力奠定基础。

系统化职业能力课程首先是对复杂的职业进行分析、解构、选择和再重构，根据职业梳理出其具有代表性的工作过程或工作任务，围绕工作过程、结合科学的教育、教学规律建设职业能力课程，这一过程可概括为"统筹安排、分级实施、主体突出、理论引导"。系统化职业能力课程由高职院校与企业分工协作、统筹安排。一是职业能力课程要在两个完全不同的教学环境中开展：企业与职业院校；二是将学生既定位为企业的学徒，又要定位为高职院校的学生。根据学徒和学生不同的身份特征，制定相适应的能力课程。

系统化职业能力课程应进行分级实施：

第一个层级以学校为主。根据高职院校自身的优势，专业特点和优势专业，根据学校自身所处的地缘位置，结合区域经济发展情况，把以往成功教学经验和教学工作任务放在企业生产运营过程和具体工艺流程及环节中进行整理，梳理出学校优势可以驾驭的专业领域，将专业延伸至所对应和实用的职业，从理论层面设计出与专业相对应的具体工作流程，并为之安排相应的课程和教学内容。

第二个层级是以企业为主。企业内部的管理人员、技师和熟练的技术工人参与到课程编排当中，以企业的视角提出对新员工、对能力课程的期望和要求，按照实际的工作过程，明确并制定出"企业"性质的职业能力课程。进行专业过程分析并确定工作任务，最后通过完成工作任务的过程来培养学生的职业能力。在这个阶段中需要确定的问题如下：由具体的工作任务来串联起工作过程，再由串联起的工作过程明确具体的工作任务，最后确定能够体现出工作性质、完成工作任务的具体工作过程。

第三个层级是企业与院校共同作用。学校内的教师和管理人员结合教育、教学本身的特点和规律对根据企业所制定的课程进行补充和完善，根据第二个阶段在企业所列出的专业、过程中的相关任务，在学校范围内根据教育和教学规律，充分关注学生的认知心理顺序。围绕典型职业工作过程开发的工作过程导向来科学地针对职业工作顺序的每一个工作过程环节来选择、组织、安排相关的职业能力课程内容，实现实践技能与理论知识的整合。企业则对其进行监督和评价。校企共同对学生学习情况进行考核。

系统化职业能力课程应坚持主体突出、理论引导的原则：

系统化职业能力课程必须增强学生的动手能力，注重培养学生的专业技能、创新能力和创新精神，必须"以学生为主体"进行课程的编排和实施。主体性可理解为学生的主观能动性，主要是在教师的教育下，学生通过自身积极地、全面地开展内部认识心理活动，主动获取知识，养成技能。能力课程在编排和实施上，要创设情境，激发学生的主体性能动性；重视过程，尊重学生的主体地位；利用渗透方法，促进学生的主体性发展。

建构系统化职业能力课程还要正确处理好知识课程与能力课程之间的关系，发挥知识理论引导能力养成、能力获得激发对理论知识探究的作用。实施能力课程对知识层面的要求是力求不传授新知识，仅通过引导学生利用已有的知识、技能，进行通过迁移较容易获取的新知识。能力课上所传授的知识必须接近学生的知识层面，使学生在已有知识上成为活动的思维主体，激发积极的情感，在活动过程中主动参与和亲自实践，能力课就能取得实效。

通过系统化的职业能力课程能够逐步培养学生与其将来所从事职业相适应的能力、技巧，使他们一开始便对现在正在学习的、将来需要扮演的职业角色从了解到熟识，从概念到抽象，从观摩到操作，从模仿到创新，形成一个完整的与专业及工作过程相协调、一致、科学的成长过程，从而为发展独立的个人自我意识和体现自我社会价值提供可能的前提条件。

6. 构架教学管理平台

平台是可以共享的工具和方法，从这个意义上讲教学管理平台也是对教学实施的一种支撑。最有效的管理平台是系统化的管理方式。系统化的课程管理体系一般具备三个条件：一是被管理的对象（课程）有一定程度的组织性；二是存在多种延伸、改革的可能性；三是有控制的手段和方法。课程配套管理系统采用系统化的管理模式，在管理的过程中形成一个回路，即从决策开始，通过实施，到最后取得结果，然后再反馈到决策或实施，对原决策、实施进行校正，使课程系统不断完善。

（1）技术运用是教学管理平台的有效载体

教学管理平台以系统理论为基础，采用系统论的思想和数学的逻辑方法，对课程要素进行调查、测量和统计分析，以便准确地决策、控制和协调，使课程管理的科学化程度不断提高。我们可以应用计算机网络技术，搭建顶岗实训和"教学做"为一体的管理平台：顶岗实习师生互动系统作为过程化的管理平台，它依据教师的发帖量、学生的读帖量等一系列数据，自动对教师进行排序和评价。该系统可解决"柔性化、小批量、不同类别"顶岗实习的需求，达到实训环节"课程化管理"的程度。"教学做一体"课程管理平台依据课程整体，系统中附有教师课程的整体设计和单元设计以供学生学习参考。在教学组织过程中，教师通过平台发布课程要完成的项目或任务及考核要求，学校根据教师发布的项目和任务考核课程完成情况；教师依据学生完成项目的质量对学生进行评价；学校依据教师发布的项目和任务数量以及对学生成绩评价等指标，对其在实施"教学做"一体课程中的教学质量进行自动评价。

（2）柔性化是教学管理平台的重要内涵

柔性化教学管理系统，可以使自成系统的素质课程、知识课程、能力课程相互兼容，并使三个子系统融合成为具备整体功能和功效的高素质技能型人才的课程培养体系。把教学管理从校内延伸到企业中，实现了实训环节的"课程化管理"。对不同的教学模式采取相应的"模块化管理"，满足了"柔性化、小批量、不同类别"工学结合人才培养模式的需求。在宏观层面上制定课程建设、实训实施、质量监控等制度文件，与之相配合，各个专业结合自身实际形成了专业建设、顶岗实习等一系列具体可操作、可借鉴的运行制度文件。校院（系）两级管理共同奠定柔性化教学管理建设的基础。在此基础上，采用柔性化教学管理系统，这一系统包括顶岗实习管理系统和顶岗实习师生互动系统，其中顶岗实习管理系统整合了不同专业、不同形式（订单培养、学校组织、个人申请）的顶岗实习情况，并进行相应课程的替代。

（三）课程实施策略强调教学做一体化的情境教学模式

高职院校着力探索教学做合一的情境教学模式。无论是开发虚拟工厂、虚拟车间、虚拟工艺、虚拟实验，还是积极进行校内生产性实训基地建设，加强校外顶岗实习力度，都是在组织策略上的变革。结合学习领域、工作领域的知识与技能的需要，将岗前培养、岗上训练、岗后服务有机地结合起来，将技术教育与人文社会教育有机地结合起来，将理论教学与实践教学有机地结合起来，建立完整的职业能力训练体系，积极探索"做中教、做中学"的理论与实践一体化教学。在教学策略上，突破过去理论课的单向灌输式的教学方式，积极采用多向的交互式、研讨式的教学方式；突破过去实践课教学中的单一解说式、参观体验式的教学方式，积极采用多种与提高实践能力有关的教学方式方法，包括现场教学、任务驱动教学、案例教学、模拟教学、诊断式教学、操作指导式教学、演练式教学等。在教学手段上，积极开展计算机辅助教学、网络实训教学、模拟环境教学、情景再现教学等，突出对实习实训等实践教学环节的训练与考核力度，达到实践教学内涵深层化、内容特色化、过程个性化和体系规范化。

（四）教学团队建设是高技能人才培养的关键

"双师结构"教学团队建设是高职院校师资队伍建设的重点和核心，教师的职业能力和教学能力是实现高技能人才培养目标与保证高职教育质量的重要条件。要根据实际情况，内外结合，坚持"请进来，送出去，传帮带"的方针，积极拓宽师资队伍的来源渠道，优化教师队伍，将激励与制约相结合，健全管理机制，致力于建设具有"双师素质"和"双师结构"的优秀教学团队。

"请进来"指与行业研究机构和企业广泛合作，聘请行业专家和企业技术能手，建立专业建设指导委员会和课程建设指导委员会，推进专业和课程的改革与发展：一是聘请行业专家和企业高级工程技术人员来校作客座教授，对现场技术、技能水平要求较高和理论水平较深的课程内容，进行讲学和现场解答，提高教师的学术水平和实践能力；二是聘请企业生产一线的工程技术人员、能工巧匠和管理人员承担专业课程、实践课程和企业文化课程的教学与指导任务；三是请进理论扎实、实践经验丰富的高级技术人才作为高职院校的专任教师、学科带头人和骨干教师等，加大师资培养力度。

"送出去"指将高职院校中青年骨干教师送到科研机构或高等学府进修，提高学术水平，或送到企业一线进行生产锻炼，提高实践动手能力，增强实践经验：一是选拔部分骨干教师到科研机构或重点院校的对口专业进行深造，攻读学位，其重点是针对从企业引进的实践经验丰富、实践能力强而理论相对薄弱的教师。通过参加国际性或全国性学术会议、教学研讨会等方式扩大年轻教师眼界，使他们了解外界科研、教学改革信息，及时获得教学改革经验与最新研究成果，不断充实自己，提高科研工作能力和教学质量。要不断提高学术水平，提高教学质量，必须经常开展科研、教学研究。通过课题的研究使教师在学术水平和教学水平上得到大幅度的提高；二是选派部分中青年骨干教师到企业生产一线（包括校外实训基地、相关企业等）进行挂职，参加生产锻炼，对于没有相关专业实践经验的教师尽可能多地安排他们到生产、建设、管理、服务第一线实习，促使他们增加工程实践知识、提高实践技能和积累实践经验。选派中青年教师到企业参加生产锻炼，提高实践操作和解决实际问题的能力，增强实践经验，实现教学与生产实践相结合，并将优秀企业文化引入校园，实现企业岗前零培训目标。

"传帮带"就是要薪火相传、以老帮新、以强带弱。对学科带头人和骨干教师进行重点扶持和培养，并以学科带头人和骨干教师作为导师，指导中青年教师，定期对中青年教师进行实习、实训、课程建设、学术等方面的培训，以提高中青年教师的教学和科研水平。要加强对新引进年轻教师特别是刚毕业教师的培养。通过实行导师制度，使每位年轻教师都有一名副教授以上职称的教师作为指导教师，他们负责指导年轻教师学习、听课、辅导、准备与指导学生实验、参加课题研究等工作。对于教学能力较强的年轻教师，要及时安排教学任务，并引导他们多参加辅导答疑和实验室建设。

加强对"双师结构"队伍的培养与管理，制度建设是其重要保障：

一是初级层面对应助教级的教师，要求其能够讲授理论实践一体化的课程、指导学生实训，对所授专业相关的社会实践有整体的了解。可以选派优秀中青年教师到产学研合作企业去锻炼，增加现有教师的企业工作经历，从而提高他们的职业教育能力。

二是中级层面对应讲师级的教师，要求其具备扎实的专业知识、专业技能，掌握所授专业相关行业动态，能够独立承担学生实训指导和理论实践一体化课程设计，参与或独立承担技术应用课题研发，能够根据行业和职业的发展变化，对本专业建设提出有价值的建议。对部分教师要采取强制性措施，规定专业课教师必须到企业参加专业实践，提高专业课教师的实践能力，逐步扩大"双师型"教师的比重。

三是高级层面对应副教授以上的教师，要求其具备较深专业造诣和较强的专业技术应用能力，能够主持行业（职业）调查和专业分析等一系列活动，对专业课程的设置和调整、专业的变化方向及实践教学创新等提出建设性意见，并能主持理论实践一体化课程开发、实践教学创新课程开发课题或技术应用开发项目，从而为高职人才培养作出较大的贡献。这需要从副教授以上的教师中选拔1~2名教学和科研能力强、实践经验丰富的"双师型"教师进行重点培养，鼓励他们到国内外著名企业或国家级实训基地进行培训，通过参与企业的新产品开发和设备改造等培养措施，促使他们更新专业建设理念，提高技术服务能力，并进一步提升其教学水平及科研能力，使其在行业企业有一定知名度和影响力。

（五）实训基地建设是高技能人才培养的基础

建设校内外实践教学基地是培养高技能人才的重要途径。学生在实践教学基地完成岗位技能的训练，实现基础和专业理论知识的理性认识——感性认识——理性认识的转化和升级，受到企业文化的熏陶和职业操守的规范。如此，把人才培养模式从课堂上和书本中解放出来，使之回归到真实工作场景中的职业培养与技能训练，从而真正实现理论教学与实践教学、学校培养与企业实践、学校人才培养目标与企业用人标准的有机结合。

校内实践教学基地建设应遵循"生产性"的原

则，为学生在校内创造真实的工作环境，使学生的"学"与"工"有机地结合在一起，尽可能和生产实际相一致，如仿真、模拟、生产工艺模型等；有条件的院校应设置以生产产品为主的企业，注重经营方式的市场化和经营主体的多元化。目前高职院校以项目开发为重点进行实训建设是可借鉴的一种管理模式：

首先是强化项目立项管理。实训基地建设作为项目包，应严格立项审批。立项内容包括硬件建设与软件建设两个方面。根据人才培养方案的要求，在立项中明确提出，生产性实训基地建设除要达到人才培养目标所要求的硬件条件外，管理制度建设、监控考核方式、实训大纲制定、职场环境建设等软件建设内容同时进行申报。在项目的立项审批过程中，组织行业专家和企业一线设备使用及管理人员参与论证，严格项目申请、组织论证、产品遴选、验收把关等环节，增加与培养任务对接、项目开发、对外服务等内容要求，规范教师按照示范校建设任务书要求进行生产性实训基地建设。

其次是强化项目过程管理。项目立项之后，进一步强化项目过程管理，通过项目进度检查、阶段检查推进、过程环节调整等工作，严格掌握项目进度、变化情况和存在问题，及时进行有针对性的调控，保证项目正常进行。同时，通过校企合作、以产养学的新模式，多方投资等制度、机制建设环节的过程管理，及时解决出现的新情况。考虑到职场情景建设的实际，重点建设专业按照职业领域与岗位（群）对技能的要求，围绕创造具有企业真实场景、营造真实职业环境、教学做一体实训车间建设等项议题进行研讨，增加项目建设的企业元素和实践内涵。

再次是强化项目绩效管理。考虑到生产实训基地投资效益，与相关企业签订合作协议，采取教学、生产、培训、证书鉴定与竞赛相结合的方法，通过产品生产支持教学培训活动。

在校外实训基地建设中，通常通过各种关系或者是科技服务，唤起企业的合作热情，使他们成为长期的合作伙伴，让企业得到应有的利益，同时让合作企业优先录用优秀学生，使学校和企业形成一种稳定的互惠互利机制。

二、天津"工学结合、半工半读"人才培养模式内涵解析

适应区域经济发展的创新人才培养模式，是高职教育不断探索的改革主线与发展走向，其中天津"工学结合、半工半读"高技能人才培养模式（即工学结合培养模式）就是一个典型案例。滨海新区有在现代制造业、服务业等方面成为国家经济战略发展的重要基地的实际需求，它具有职业教育发展的长久历史，建设了第一个国家职业教育改革实验区。天津工学结合的职教模式，是指在行业企业与职业院校密切协作、相互促进的机制上，青少年在职业院校接受普通文化知识、职业专业理论和技术以及实训教育的同时，又在企业中通过多种实习方式形成技术实践能力和创新能力的一种职业教育模式。

（一）天津职业教育模式的实践创新

1. 体制改革为工学结合模式提供保证

天津市坚持政府主导和宏观调控作用，调动行业企业举办职业教育的积极性，动员全社会的力量共同参与职业教育。1999年，天津市按照中央的部署进行政府机构改革，使行业主管部门退出政府序列，转制为企业性质的集团总公司。市政府由此提出："各个学校继续依托行业企业管理的体制不变，财政性教育经费的渠道不变，经费额度不减，由教育部门加强统筹规划和宏观管理。"譬如，天津二轻集团（控股）有限公司为天津轻工职业技术学院选派公司总工担任院长，公司党委副书记担任院党委书记，从体制建设上将职业院校与行业融为一体。天津冶金职业教育集团把与天津冶金职业技术学院一墙之隔的天津钢丝厂划归学院，作为校办工厂，形成前校后厂的实质性的职教集团。

与此同时，天津市还建立了多元化投资的创新机制。"十五"期间，天津市职业教育经费共投入48亿元，其中财政性职业教育经费28亿元，行业投入20亿元。民办资金注入3亿多元，引入外资1亿多元。可以说，行业投资已成为天津职教的主要经费来源之一。如天津市中环电子信息集团有限公司"十一五"期间的前三年，在西青区杨柳青镇投入资金4亿人民币，购置600亩职业教育与培训用地，建设15万至20万平方米建筑，形成集团新的教育区域。行业办学为主的管理体制、多元化的投资体制改革创新为实践工学结合职教模式提供了可靠的保证。

2. 工学结合职教模式配套制度的创新

为促进工学结合职教模式的逐步深化，使职业教育更加适应产业结构调整和市场经济发展，天津市先后制定了产教结合委员会的制度，加大企业参与学校管理的工作力度，形成校企合作的运行机制；实施职业教育学分制度；加强实践教学的实习制度，在政府支持下以多种渠道建设实训基地，保证中高职学生在校期间分别不少于一年和半年的岗位实习；建立培养"双师型"教师制度，要求一方面从企业引进一定数量的专业人才到学校任教，另一方面教师要定期到企业参加生产实践；实施优秀学生保送制度，把专业学习成绩和技能竞赛成绩优异的学生，保送到高一级学校深造，以保证优秀人才得到更高层次的发展。同时天津市教委又下发了《关于在我市高职院校中全面推行工学结合半工半读人才培养模式的试行意见》，强调高职院校推行"工学结合、半工半读"人才培养模式是教育教学组织和管理制度的一项重大改革，各校领导要高度重视，统筹协调，加强管理和指导，积极推进工作。

3. 工学结合模式促进教育教学改革创新

——以就业为导向，加强专业建设。各职业院校普遍建立了校企结合的专业设置指导委员会，在工学结合实践中聘请企业、行业部门的高级管理、高级工程技术人员和教育专家担任专业建设委员会成员，参与学校的专业设置与培训计划的制定和实施的全过程，根据企业对人才规格的要求和社会经济发展的需求，紧盯经济发展走向，紧跟行业发展趋势，不断充实新门类、新工艺、新技术，以就业为导向来设置专业。把产业优势转变为专业优势，把专业优势通过教学环节具体实施转变为教学优势，不断加强专业建设。在此基础上，校企双方共同制定培养方案，进行订单培养，增强对人才培养的针对性和适应性，确立了"双环"效应：一是市场环：产业—专业—职业—就业—立业。即产业决定专业、专业服从职业、职业服务就业、就业促成立业。二是创新环：岗位能力标准—教学主导—课程改革—能力本位—创新创业。即根据岗位能力的新标准、新变化确立教学主导内容和课程改革的主题，以能力培养为本位，培养创新创业的人才。据有关资料显示，天津市高职学院开设的专业有557个，对应一、二、三产业的比例是1：4：5；工程技术类的学生占在校生总数的50%以上，基本满足了全市经济社会发展需求。

——以能力为本位，加强课程体系建设。制定工学结合教学计划时，体现"以服务为宗旨、以就业为导向、以能力为本位"的主导思想；充分发挥和利用企业的资源优势，寻求企业对专业教学在资金、设备、场地、师资以及社会影响等方面的支持，坚持校企双方共同参与实施；各个实践环节结合不同教学阶段的专业内容安排相应的实践活动，有条件的还建立企业冠名的特色班。实施工学结合教学计划的过程中，校企双方设专人负责教学督导，及时反馈信息，解决专业教学计划实施中出现的问题；学校严格按照教学计划的内容和方案，专人负责现场管理、指导和服务；企业积极配合，协调安排学生的实践环节，为学生提供必要的学习和生活保障；把考取国家职业技能资格证书纳入教学计划。每阶段都要紧跟企业生产实际的发展和变化，特别是根据专业技术领域的发展及时修订和调整专业教学计划的内容和环节。确定课程设置时，首先要对社会及行业的发展需求进行分析，由于行业企业是职业院校的办学主体，不少专业都实行了"订单式"的培养方式，入学的学生本身就是招录的员工，企业提供的设备和设置的课程，进一步增强了这一培养方式的实效性。课程结构淡化了学科知识的系统性和完整性，更强调知识的实用性，课程设置从社会的实际需要出发，以能力为本位，更多安排技能性和实用性的课程，使理论学习与实习实训比例达到1：1至1：1.5，加强实践教学，保证学生学有所长，具有较强动手能力，促进"双证书"制度的落实和毕业生"零距离上岗"。

——以技能为中心，加强实训基地和师资队伍建设。工学结合职教模式以技能为中心，强化了职业教育的实训环节，既突出培养学生职业技能，又突出培养学生职业素质。教学活动以培养学生的综合职业能力为核心，实践教学变传统的模拟教学环境为真实的职业工作环境，强调教学的工作真实性和综合性，强调学生在亲身的体验中养成职业能力。因此职业院校需要大量与专业对口的、工学结合的实训基地。目前，全市职业院校已建立校内外实训基地利用社会资源共享的运行机制，每年培养中、高职毕业生10万人以上，在岗培训达到50万人次，使工学结合职教模式在实训基地建设中更适应现代化、高素质人才培养规律。师资建设方面，天津市委、市政府通过统筹优质教育资源，多方筹资，形成了立足天津、辐射全国的职教师资培养培训网络；同时建立具有国际先进水平的实验室和实习车间，又在企业建立实训基地，培养既懂理论又懂实践，具有职业教育特点的师资队伍，初步形成了以国家级职业师资培训基地为主体，其他高等院校共同参与，培养培训相互结合，体现终身教育思想的师资教育体系。在教师聘用机制方面，凡新任教的研究生，要先到企业培训一年，才能应聘上岗。同时拓宽师资渠道，广泛吸纳非学校、外省市及国际优秀职教人才，尤其是实习实训教师可以从工厂、公司的高级职员中选聘，采取专兼职结合策略，促进人才自由流动，使职业教育与社会、科技的发展更加紧密地结合在一起。

——在职业教育体系内部以及与其他类型教育之间以工学结合为纽带建立起有效的衔接与沟通机制。天津市在不同层次的职业教育之间、职业教育与普通教育之间开展了衔接与沟通的试点工作，对包括培养目标、专业设置、课程结构以及招生考试制度等一系列要素按工学结合的要求进行调整，建立了多种衔接与沟通的模式。例如订单培养式、以工助学式、半工半读式、课程改革式、多证书制度以及其他的方式等。

（二）天津工学结合职业教育模式的特色

与传统职业教育模式相比较，工学结合职教模式在管理体制、服务方向、能力标准、培养目标等方面，有自己鲜明的特色，突出体现为"四个为主"。

一是以行业办学为主举办职业教育。职业教育要发展，必须依托行业、产教结合、紧贴经济、融入社会。工学结合职教模式为行业参与办学提供了平台，行业与院校共同确立教育理念、办学定位、管理体制和发展规划；行业为院校提供人、财、物的支持和保障，院校为行业服务，努力实现行业提出的目标。

二是以企业需要为主确定培养目标。工学结合职教模式以企业需要为出发点，根据用人单位提出的人才需求标准、数量和培养期限，开展教育教学活动。追求校企互利共赢，强调职业教育在经济社会中的服务功能。

三是以实践能力为主调整课程体系。工学结合职教模式的实施，对原有的学科本位课程体系破旧立新。一个根据职业标准而建立的、以能力为本位的、注重技能培养的模块化课程体系正在形成。同时一批理论与实训相融合的一体化教材，作为教学改革思想的载体，也正在进入课程体系。

四是以实训基地为主培养专业技能。校内外实训基地是职业教育的重要场所，工学结合职教模式的推行，既有力地促进了职业院校生产型实训基地建设，又有效地将企业文化、企业资源整合为教育力量，促使学校办学水平整体提升，进而带动学生专业技能的大幅提高。

三、加快高技能人才培养模式创新的对策与建议

人才培养模式主要包含五个部分：一是培养目标；二是支撑这个目标的课程体系；三是保证课程实施的教学模式；四是实施教学的师资队伍；五是质量评价体系。这五个部分必须集中体现在培养方案中，并且实现学校、企业和政府联动，才能实现职业教育培养模式的创新。为此，根据示范校建设的经历，提出以下建议：

（一）把高技能人才需求纳入区域经济发展规划

政府应该把人才需求规划作为经济建设项目规划的一个组成部分，在项目启动的同时，提供企业用工和技能要求的职业标准，为学校制定培养方案提供依据，实现前馈控制。

（二）对接受顶岗实习的企业给予政策优惠

顶岗实习是校企合作的重要体现，只有实现了利益互补，才能真正地使学校和企业从握手到牵手。因此，按照国家改革实验区先行先试的原则，建议天津对2007年1月实施的《天津市职业教育条例》进行修改补充，规定对提供实习实训岗位的企业给予适当的补偿或税率减免（如减免教育附加税等）等优惠政策，以实现校企的双赢。

（三）对区域经济主要技术工种实行职业资格准入制度

准入制度基本出发点是加快提高劳动者素质，增强企业竞争力。实行职业资格准入制度是适应促进企业安全生产，提高效益，保护消费者利益等方面的迫切需要。实行先培训后上岗的就业培训制度，特别是对滨海新区支柱产业的主要技术工种实行就业准入制度，可以促进职业院校的课程融合，改变学生的素质结构，提高专业水平。推行职业资格证书制度，可以规范劳动力市场建设，为劳动者创造平等竞争的就业环境，实现劳动力资源的合理开发和配置，促进劳动者主动提高自身的技术业务素质，达到使劳动者尽快就业和稳定就业的目的。

（四）改革职业院校的录取方式

要改进按照"类型"来管理高职院校的做法，就必须从高职院校的"入口"进行改革。深化考试招生制度，改变职业院校的录取方式。建议高职院校招生既可以单独组织考试，也可以与全国高考同步，单独填报志愿，根据考生的志愿进行单独录取，与本科院校录取工作同时进行。形成和普通高等教育并行的机制，真正从层次走向类别教育。

（五）改变职业院校教师职称评聘的办法

考虑到职业教育的定位，建议改革职业院校教师评聘条件。参照普通高校的评聘办法，把教师的企业经历和对企业科研服务能力作为评聘的主要考评内容，并在政策上加以积极的引导。

总之，高职院校人才培养是一项艰巨而复杂的系统工程，它不仅是目前国家高等职业教育面对的一个重大课题，也是关系到每所高职院校生存与发展的重要工作，高职院校党政领导班子要树立科学的人才观和质量观，把学校的发展重心放到内涵建设、提高质量上来，确保教学工作的中心地位，努力探索出一条符合中国国情的高等职业教育人才培养新模式。

我国研究型大学的科研组织创新

吴晓波

（浙江大学）

研究型大学是国家创新体系的重要主体之一，提升研究型大学的综合实力对于落实创新型国家建设战略、提升我国自主创新能力具有重大的战略意义。笔者认为科研能力是衡量一个研究型大学综合实力的核心指标，而研究型大学科研组织机构设置的合理与否、效率高低，直接影响着其科研活动质量的优劣，从而也就在很大程度上决定了研究型大学建设的成败。建设研究型大学的根本点是培育研究型大学的精神，而要培育研究型大学精神的关键是要突破传统模式的束缚，要敢于创立新的科研组织模式和运行机制，实现制度的创新。因此分析我国目前大学科研组织设置中存在的问题，探索克服我国研究型大学科研组织局限性的途径，构建适合我国国情的新型大学科研组织模式具有重要的理论创新意义和现实指导意义。

本研究通过运用组织理论、知识管理理论、技术创新理论等理论工具，展开深入案例研究总结借鉴国内外大学科研组织创新实践经验，分析当前国内研究型大学科研组织的局限性及其影响，探讨了我国研究型大学新型科研组织模式的构建思路。

一、研究型大学跨学科科研组织模式构建

将目前我国研究型大学中存在的跨学科计划、跨学科课题组、跨学科实验室、跨学科研究中心、跨学科协会等主要跨学科科研组织形式及其组织形态、人员来源等主要特点进行了归纳。随后指出我国研究型大学跨学科科研组织存在缺少独立性和灵活性、组织结构松散，难于管理等问题。这些问题又可分为组织内部和外部两类。内部问题主要有：（1）没有建立起有效的内部管理体系；（2）激励制度和考核制度不完善；（3）组织内缺少有效的分工与合作；（4）学术委员会的管理缺位；（5）内部资源的垄断。主要外部问题有：（1）高校没有形成与跨学科研究相适应的政策法规；（2）行政部门和学术机构的关系错位；（3）在整个大学内外没有形成跨学科研究体系。

本研究从系统论的视角出发，将高校跨学科科研组织体系（网络）看成一个系统，分析了这个系统的要素、结构、功能，最终总结出高校跨学科科研组织的特性。首先，本研究认为，跨学科科研组织的要素包括：高校中各个学院学习的教师和专职的科研人员以及少部分的学生等跨学科研究人员群体，科研资源包括跨学科科研课题（项目），跨学科科研成果，行政人员等。如果说跨学科科研组织系统是一个庞大的网络，这些要素就是网络上围绕在跨学科科研组织这个核心周围的各个结点。

随后，关于跨学科科研组织的合理结构，本研究提出要根据组织的目标选取适合组织的结构，并根据组织的发展和外部环境的变化，相应地调整组织的结构。例如，一些简单的短时间可以完成的跨学科研究课题，可以组织跨学科课题组的形式来完成，这个组织的目标就是完成这个课题，课题结束后组织自行解散，所以组织形式可以采取简单的项目组模式。而某些领域是多个学科交叉在一起的研究领域，这个领域中的问题涉及到多个学科的知识和假设，并且要持续较长时间关注这一领域的研究进展。对关系到国家科技和经济进步的一些重大问题进行攻关，就可以成立跨学科的研究中心或实验室，从多个学院、系抽调研究人员，以矩阵的形式组成多个攻关团队。

本研究认为跨学科科研组织的功能应具备：（1）有利于促进明确、稳定的科研方向，以科研任务为中心；（2）有利于集中与科研活动相适应的

---

* 本文是吴晓波教授主持的全国教育科学"十五"规划教育部重点课题"我国研究型大学的科研组织创新"（课题批准号：DIA030153）结题报告的主要内容。

各学科专业人才及各学科知识和技术方法；（3）有利于促进各学科之间的交流和联系；（4）有利于实现资源的最佳配置。

系统论认为，整体性、关联性、层次性、动态平衡性等是所有系统共同的基本特征，本研究对研究型大学科研组织的这些特性进行了分析。本研究提出，在跨学科的组织中整体性显得尤为重要。跨学科科研组织中的要素（科研人员）来自不同的主体（不同的学员或学系），这使得要素的来源更加多元化，复杂化。但跨学科课题要求这些要素组成一个攻关团队，作为一个整体来攻克每一个个体单独无法完成的任务。跨学科组织内充分体现了"1+1＞2"的整体性原则。

跨学科科研组织的层次性可分为内外两个部分。对于外部来说，跨学科科研系统是高校科研系统或是国家科研系统的一个子集，跨学科科研组织是基于不同的研究任务，由来自各个学院的研究人员组成。因此它应该服从于高校科研发展的需要或是国家整体科研发展的需要。对内来说，跨学科科研组织内部也有着清晰的层次——科研人员层次和行政管理人员层次。科研人员层次是流动的，随着跨学科项目的开始而组成，项目的终止而解散；而行政人员层次应该是相对稳定的，他们负责组织内的各种行政事务，为科研人员更好的研究提供支持和帮助。

就关联性而言，跨学科科研系统和高校内外的其他组织和机构有着密切的联系。跨学科必然涉及到各学科、各方面的人、财和物参与到跨学科的系统中，成为跨学科系统的输入。这也证明跨学科系统并不是单独存在的，它和所处环境以及环境内的其他系统发生信息、资源和能力等方面的交换。他们之间相互制约、相互影响、相互依赖。随着合作关系的深入，这种联系表现的越加明显，跨学科科研系统同环境的关系越加紧密。这些联系也为跨学科科研系统的成熟提供动力和支持，使跨学科科研系统在这种交互作用中不断的发展。

关于动态平衡性，本研究认为跨学科科研组织系统始终处于一种"不平衡——平衡——不平衡——新的平衡"这样一个发展变化之中。这种"不平衡——平衡"的螺旋式发展就是由于跨学科科研系统内外部诸多因素造成的。在跨学科科研组织系统内部，各要素和要素之间的关系以及要素同系统的关系都是在不断的动态变化的，这些变化使得跨学科系统的整体性、层次性及研究的方向、人员等都发生变化，使系统处于不平衡状态；在系统外部，环境的诸多因素也是在不断变化的，这就要求系统随着环境的变化不断地调整，以适应新的环境。跨学科科研系统表现出其他科研组织前所未有的流动性和开放性。它不断地从外界吸收所需的新的研究人员和其他资源，又把自己所有的科研人员派送到其他科研组织交流学习，这种资源和人才的流动性保证跨学科科研组织系统由不平衡向平衡演进，使它始终处于一种动态的平衡中并不断的完善、成熟。

本研究提出，跨学科研究组织的构建应本着"开放、流动、竞争、合作"的要求，建立科学完善的运行机制，提高组织机构的运行质量和建设效益。相应的内部机制应包括：（1）优势集成机制；（2）人才集聚机制；（3）开放流动机制；（4）多元化投资机制；（5）以组织为单位的考核淘汰机制。同时，本研究也提出，以系统论的视角来看跨学科科研组织，它作为一个系统就要不断地与环境进行物质、信息、能量交换。结构决定功能，但环境亦对功能起着重要的选择作用。故跨学科科研组织系统运转顺畅与否除了要求系统内部诸要素间协调配合外，与其所在环境也息息相关。所以建设一个良好的外部环境是跨学科科研组织高效运行的保证。外部环境的建设主要有三方面：（1）学校层面的机构设立、人才流动、后勤保障等配套政策制度；（2）良好的跨学科研究文化；（3）广泛的社会合作机制。

之后，我们以浙江大学创新管理与持续竞争力研究中心为对象进行了案例研究，分析了该跨学科组织在矩阵式和直线职能混合型结构、开放式的合作体系等方面的经验，也提出了其在人员激励与使用效率上存在的问题。

在此基础上，我们总结了跨学科科研组织的系统流程图（如图1所示）：（1）系统的输入为不同学科的人、知识和各种资源等；（2）经过跨学科科研组织的创新活动和加工产出各种科研成果和人才，等等。这些科研成果通过和外界环境的作用，又可以帮助跨学科科研组织从外界获得更多的输入，从而完成组织同外界在信息、资源和能量等方面的交换；（3）在跨学科科研组织内部，管理和运行机制为各种跨学科科研活动提供支持和帮助，同时也对其加以约束和控制，使跨学科科研活动更加规范、高效。跨学科科研活动又会对这种机制的效果提出反馈,促使跨学科科研组织不断在机制上进行创新,以更好地满足跨学科科研组织发展壮大的需要;(4)跨学科科研组织作为一个开放的系统,和外部环境是休戚相关的,组织的输入来自外部环境;组织的输出要对外部有所贡献;外部环境的变化会对跨学科科研组织内部的运行机制以及科研活动产生重大的影响。

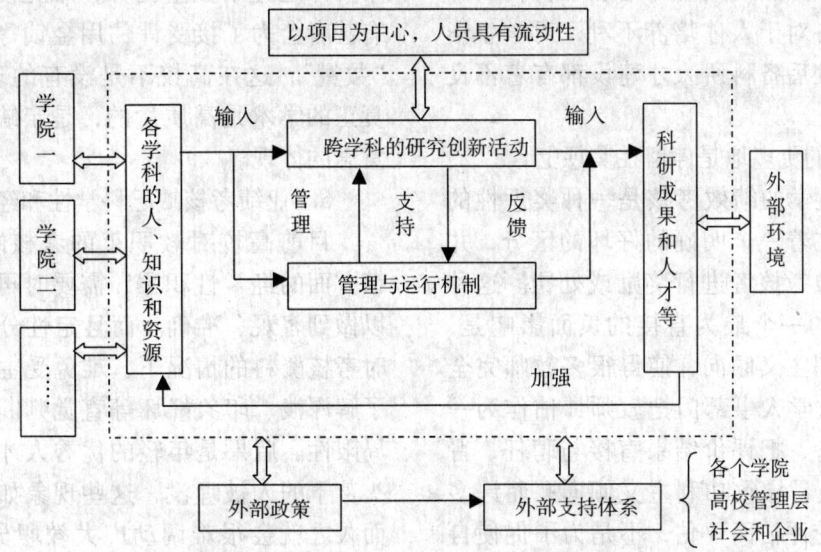

图1 跨学科科研组织的系统流程图

最后,我们强调,为了在研究型大学内建立起高效的跨学科科研组织,应该聚焦于以下几方面:

- 流畅、稳定的多学科人员、知识和资金等资源的输入
- 组织内管理和运行机制要大胆创新,适应跨学科科研组织的发展变化
- 科研创新成果快速的"市场化",为外界所用
- 在学校内外建立起良好的多学科研究的外部支持体系

二、研究型大学科研组织绩效考评与激励机制构建

该主题的研究分两部分展开。在绩效考核部分,首先对绩效考核的相关理论与工具作了简要概括,对强迫选择量表(Forced-Choice Scales, FCS)、行为尺度评定量表(Behaviorally Anchored Rating Scales, BARS)和行为观察量表(Behavior Observation Scales, BOS)以及考评中的目标设置和信息来源理论做了重点分析。

随后,本研究对浙江大学、清华大学、北京大学等我国研究型大学的绩效考评制度概况进行了分析。根据调查研究和资料分析的结果,我们认为目前我国研究型大学科研组织绩效考评机制的主要问题表现在:

1. 绩效考核与科研的矛盾

第一,现行业绩点考核方式一定程度上导致研究不够深入。一些研究人员为了每年都能拿到相当的业绩点,会选择把原本属于一个大的体系的、系统性很强的项目拆分成几个小项目陆续进行发表。而且,目前对论文发表质量的评定用发表论文的期刊等级来衡量,然而同一期刊中论文的质量存在着差异,评审人的评价标准、偏好也有所不同,这些因素的影响在考评制度中难以得到体现,因而有其局限性。第二,业绩点对科研经费的强调可能影响学术氛围。单位经费对应的业绩点数是难以确定的,数目过小对获得经费人员的努力是不公平的,也不能起到激励的作用;而数目过大可能导致部分人员工作重心向拉项目倾斜,不能很好地把握各项工作的平衡。由于不同学科不同方向的项目在经费上会有极大差异,工科类项目动辄百万、千万甚至上亿,而文科类的项目经费往往不那么高,因而采用完全统一的标准来进行考核并不是非常合理,公平原则未能得到充分体现。

2. 绩效考核与人才培养的矛盾

现行业绩点考核对教学重视程度仍然不够。

例如,授课时间的业绩点并不高,这样导致了很多老师将工作重心放在了科研上。从促进科研发展的角度来讲是合理的,但是也容易引起一些老师和学生的不满。重科研而轻教学是一种短视、急功近利的行为,虽然短期可以增加学校科研知名度,但长期来讲对于人才培养不利,对学生毕业走向社会和学校后备科研人才建设都有着不良影响。

3. 评估的目的更多地是停留在奖惩上

我国大多数大学的绩效考核是一种奖惩性的考核,即结果存在着一个明确的好坏的区分,并按照这种区分对被考核者进行奖励或处罚。这种考核方式所带来的一个最为直接的负面影响是,导致了严重的功利主义倾向,使得很多教师完全为考核而考核。大学人事部门把教师评估作为一项事务性工作对待,把评价结果直接与聘任、晋升、加薪挂钩,极易导致功利主义倾向;而许多教师也是为了接受评估而评估,不是为了促使自我发展而把这种外在激励转化为追求自我价值的最大化实现的内在激励。从而使得大学里的造假行为有增无减,教师们更为看重的是学校的考核指标,而不再看重自身的职业追求,投机心理在大学教师间也越来越重。

4. 重"评"轻"聘",没有形成良好的竞争激励机制

长期以来,我国高校用人制度僵化,教师职称的"身份制",职务聘任的"终身制",严重影响了教职工特别是青年教师积极性的发挥。我国高校实行的"职称评审"制度,把技术称谓或资格与职务因素混在一起,与职责分离又作为各种待遇的依据。职称每隔几年要晋升,只能上不能下。学校工作的着眼点和教师的注意力都盯住"评",而忽视了"聘"。重"评"轻"聘"的做法,一方面使得"评"和用相脱节,一旦评上,终身受益,激励作用大大减弱;另一方面造成大家都争高职称,打乱了学科或教学组织中人员应有的科学结构,由于职称特别是高级职称受比例限制,使得各高校每年不得不为确定职称评定指标而大伤脑筋。那些确有作为而且业绩突出的青年教师就只能"望职兴叹"。

5. 评估指标体系和手段过于僵化

我国大学传统的评估纬度和指标体系注重的是统一性,大多数大学还把评估的纬度具体化为:教学工作量计算标准、科研工作量计算标准、兼任管理工作量标准等。但这些标准过于"格式化",缺乏鲜明的个性和针对性,往往很难客观完整地反应出教师的真实业绩,而且很容易促使教师走上单纯追求数量的道路。大学教师评估中如果一味地追求数量指标,难免使得质量下滑,更有甚者会为了接受评估用金钱等方式购买所谓的"数量",这在高校不是没有的现象。我们认为,真正的学术是高质量的,是宁缺毋滥的,是精神意志的体现。

6. 业绩考核缺乏科学性和经常性

目前高校对教职工的考核缺乏德、能、勤、绩方面的经常性积累,需要时再去搜集材料,难以做到客观、准确。而且定性分析部分在缺乏平时考核资料的情况下,难免受主管人员对某些人了解深浅、印象好坏等直觉判断所左右,有很大局限性。后果是年轻的优秀人才很难被发现,埋头苦干的人被埋没,这些现象如不及时改变,久而久之就会很难调动广大教职员工的工作热情,尤其不利于中青年人才的发展。

7. 评估过程中行政色彩过于浓厚

传统的评估很多都靠外部行政压力推进,层层仿效各级教育主管部门的文件标准而"依葫芦画瓢";真正适应实际情况的校本评估意识、制度、措施等也还没有形成;各种评估要求往往千篇一律,没有人情味,缺乏人文关怀,不能激发教师的内在动机。此外,计划经济在大学的考核中依旧留有很深的痕迹。大学考核中往往条块分割严重,很多教授都是陷在填写各部门的考核表的泥潭中。

在此基础上,参考国内外相关研究,我们设计了包括教学、科研、行政性服务、科研性服务四大类指标在内的绩效考核指标体系,并设计了一个研究型大学教师岗位的通用BOS问卷。经过试评价,该问卷通过了以因子分析为基础的信度检验,具有重复考评的信度,并且通过因子分析得出了考评的项目分类,以及各项目得分的权重算法。

在激励机制研究部分,首先对相关激励理论及工具做了概述。随后我们对研究型大学科研组织的激励制度特征进行了分析。我们认为,高校科研组织非常需要完善的激励机制,这是因为高校科研组织的成员中存在着游离于组织目标之外的行为动机,制度的不健全、管理的不到位、分配的不合理、不公平竞争等都可以产生这样的动

机。同时对于高校科研组织成员尤其是科研人员又不适于使用极端的、生硬的行政管理措施，因此应该在保护、尊重科技人员的前提下，对其加以积极的引导，使其个人动机转移到科研组织整体目标上来。

为了实现科研组织目标，科研管理者需要将组织目标适当分解。这种激励要具体化到每一个人，要关注每个成员的实际情况，了解他们的主要需要、愿望和期望，以判断其可能的行为动机，为激励提供依据。相对于其他的社会成员，高校科研组织成员对诸如酬金的获得、工资及福利待遇、保险和职业稳定等方面的需要在其成为高校组织成员时就已基本满足了，更突出的是自我实现的需要，即高层需要。这种需要主要表现为社会地位的认可、同行学术地位的认可、科技成就感的获得、发展空间的预留等。而组织目标主要包括实体目标（科研项目、科研经费、科研成果、学术成果）、社会目标（社会影响、社会地位、排序位置）和心理目标（吸引力、凝聚力、权威性）。

根据我们对浙江大学硅材料实验室等科研组织的调查，结合对相关材料的整理与分析，我们认为我国研究型大学科研组织激励机制存在如下问题，并提出相应改进建议：

1. 问题表现：激励形式局限于正面激励，少有负面激励。负面激励指管理者对被管理者的否定、约束、批评、惩罚、疏远等具有负面意义的激励。高校的科研激励机制中必须包括有效的约束机制，双管齐下，奖罚分明，及时进行正负强化，才能有力地促进科研成果的产出。在调研中我们发现，虽然有的高校在其实施的岗位等级聘任制或其他制度中有约束的条款，但由于未完成科研任务而被扣除的科研津贴与从事科研活动付出的艰辛相比微不足道，仍有一部分人员选择了前者，约束条款实际上并不具备应有的约束力。对此，我们建议实施较为温和的负面激励方式。比如公布所有系（部、处、室、所）及个人完成科研工作的"量"和"质"，排出前数名及后数名，鼓励先进，促进大家向先进学习；鞭策后进，看到自己的不足，学习别人的长处。同时高校各系（部、处、室、所）的领导也会产生压力，在横向比较中找到不足与差距，促使其进一步改善本单位的科研管理工作。

2. 问题表现：激励手段单一。科研工作本身具备的挑战性和对人创新能力的要求使他们产生巨大的成就感，能够激发其内在的创造性，并使他们从中体会到自我价值的实现。荣誉和奖金是对科研工作的肯定和奖励，高校管理者能做的还很多。比如度身设计好科研人员的职业生涯，将其置于最能发挥能力的位置，提供一切可能的便利条件；在设计科研人员职业生涯的基础上，应该对其发展提供各种必要的后续支持，例如提供培训课程、交流访问机会等；此外，对于部分科研人员，物质奖励的激励意义可能已经不如精神激励更现实，可以采取选择性的激励手段，即给被激励者以选择权，在物质与精神激励中自由选择。

3. 问题表现：激励缺乏力度。科研工作是一项需要投入大量时间和精力的创新性的脑力劳动，相形之下，高校激励机制中的奖励力度就显出不足来。高校管理者应充分重视学术研究的水平，切实地将科研的量化结果作为奖励、晋升、提拔任用的重要依据，并在此基础上加大激励力度，进一步拉开先进者与落后者的待遇差距，以充分发挥示范效应。

此外，我们还认为"双梯阶"职业发展模式在大学科研组织中具有一定的适用性。保证研究型大学水平的一个办法就是让那些真正喜欢这个职业的人去当教授。提供专业科研人员和管理人员两条道路的"双梯阶"个人发展途径，形成两个平等的层级结构，允许对两个层级中相同级别的人员给予同样的地位和同样的报酬和奖励。

三、研究型大学学习型科研组织构建

该部分研究首先对学习型组织的概念、特质与模式构建等理论背景进行了综述。综合现有研究，我们沿用这样的观点：学习型组织不存在单一的模型，它只是一种关于组织应该是什么样的以及成员应该怎么做的态度或理念，是以一种新的方式对组织进行的思考。现存的问题既不是严格意义上统一关于学习型组织的构想，更不是以某种尺度去衡量现实中的企业是否具备了学习型组织的特点、可以堪称是学习型组织，而是我们是否树立了学习型组织的理念以及在向学习型组织进军的道路走了多远。

随后，我们分析了研究型大学科研组织中知识的特性，将其归结为系统性强、交叉性强、专业性强、累积性强和内隐性强五个方面，并提出

研究型大学上述知识特征为科研组织知识管理和学习型科研组织创建提供了现实可能性，也造成一定困难，特别是知识的高度专业性和累积性强化了研究型大学科研组织及个人知识的内隐性，从而加大了知识管理的难度，也为信息共享、心智模式改善和强势文化建立等学习型组织构建中的重要工作造成了困难。

我们采用 Nonaka 的 SECI 模型对研究型大学科研组织中的知识演化过程进行了分析（表1），并提出了知识流动与转化模型。

表1　研究型大学科研组织中的知识演化过程

阶段	主要活动	主要目的
社会化	对研究构想和心智模式等个体隐性知识的挖掘以及在研究人员个体之间的共享与融合	促进个体隐性知识向共享隐性知识的转化；形成统一的创新构想和组织文化
外部化	形成阶段性知识创新成果，在团队内部进行沟通，并征求团队外部的意见	促进隐性知识向显性知识的转化；论证研究思想，达成进一步的共识，为下一阶段的研究指明方向
综合化	将分散的阶段性成果系统化，并促进其扩散	将显性知识转化为一系列更加复杂、更加系统的知识；获得最终创新成果，并使其通过应用成为社会共有财富
内部化	整理和固化获得的隐性知识	将外部的显性知识转化为个人或组织的隐性知识；为后续研究作知识储备

在分析研究型大学科研组织知识特征与演化过程的基础上，本章借鉴 Daft 的学习型组织要素模型，从"有效的知识共享、新型的领导角色、充足的学习机会、开放的战略决策、积极的组织文化和横向的组织结构"六个方面提出了构建研究型大学学习型科研组织的对策思路。

其中，"有效的知识共享"对策包括针对显性知识共享的"建立健全各个层面的知识共享平台、加强平台集成构建'知识地图'"以及针对隐性知识共享的"构建包括'物质空间'、'虚拟空间'和'精神空间'的各种促进成员沟通的'场'"；"新型的领导角色"主要提出了"建立共同愿景、塑造服务型和学习型领导"等思路；"充足的学习机会"主要介绍了浙江大学在国内首创的"青年教师交叉学习培养计划"，建议其他研究型大学借鉴其经验；"开放的战略决策"主要强调科研组织战略的制定应建立在群体决策制度的基础上，要强调全员参与性，同时也应加强向组织外部开放的力度；在"积极的组织文化"一节我们提出研究型大学学习型科研组织文化至少应包含以下要素："无边界"文化、鼓励创新、允许失败的文化；最后在"横向的组织结构"一节我们认为研究型大学科研组织同样需要实现组织结构的扁平化，打破官僚机制，压缩职能编制，减少管理层级，以富有生命力的、动态的研究团队撑起科研组织的基本架构，从而获得适应快速变化的竞争环境所需要的灵活性，同时也应该重视对科研组织和科研团队整体绩效考核在科研人员，尤其是在组织和团队领导者、骨干人员绩效考核中的地位，从而促进科研人员以及科研团队之间的合作。

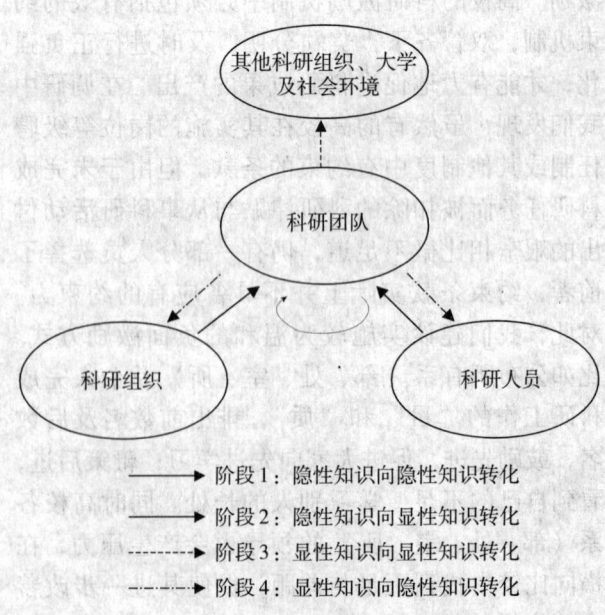

图2　研究型大学科研组织知识流动与转化

四、研究型大学间新型合作科研组织构建

本研究首先介绍了研究型大学间科研合作的背景和意义，提出随着现代学科的分化和综合化发展，以及科研项目大型化和复杂化的趋势，科研合作已成为科研特别是基础科学研究发展的主导形式和增强研究型大学科研能力的重要途径。

随后，我们阐述了科研合作可以为研究型大学吸引优秀科研人才、引进项目资金、共享先进设备和提高研究生培养的综合能力等优势。接着，本章总结了目前现有的几种研究型大学间科研合作的模式，根据合作参与者之间的科研密切程度，即根据科研合作持续时间、科研合作广度和科研合作强度分为高校共同体、联合学院、共享设备、签订科研合作合约或协议的短期项目型合作、联合创办实验室和网上合作研究共建虚拟实验室，并就优点与面临的问题做了探讨。

通过实地调研与资料整理，我们以瑞典隆德大学为对象进行了案例研究，对其国际科研合作的经验作了介绍和总结。我们认为该大学的科研合作活动有如下特点：（1）灵活多样的组织形式。即隆德大学的科研合作表现为松散的高校共同体、面向专业领域的科研合作机构、院系科层面的项目合作多个层次，既有广阔的视野，也有深入的探索，既有虚拟的网络，也有实体的项目。而且其开展的研究网络和研究项目十分聚焦和具体，从而保障了经济和社会效益的产出。（2）注重在科研合作中占据主导地位。如在由瑞典、丹麦14所高水平大学组建的厄勒松大学的6个跨国研究网络和3个跨国研究项目中，隆德大学独占3个网络或项目的首席领导位置，还担任了厄勒松大学的主席一职。隆德大学还被指定为中—欧合作计划"欧盟—中国高等教育合作计划"欧洲项目管理办公室的所在地。（3）注重与企业界的互动。其科研网络运作中都积极地吸收企业的参与，面向企业实际需求开展科研活动和提供沟通渠道。

然后，分析了科研合作的现状和制约研究型大学间科研合作的主要因素——大学体制问题，尤其是大学的科研管理绩效考评、研究生培养制度和科研软硬件平台问题。

本研究认为现行绩效考核与评聘办法存在一些不利于科研合作的问题主要表现在：过分强调科研项目数量、科研经费、发表学术论文期刊的等级和获奖或获专利等的排名，过分强调个人科研成绩和教学能力，对于合作项目（比如学术论文，科研课题只认第一作者、第一负责人或立项人，其余合作者在考核上得不到任何记录）和其他类别工作（比如专业网站建设，数据库建设，社会工作等）缺乏制度的引导和支持。我们的调查发现："业绩点"已经成为许多浙江大学在校老师工作的唯一目标。而科研经费的多少，是评价一名教师"业绩点"高低的重要标准。在这样一种严格到近乎残酷的标准下，教师的科研活动已经成为了拿到更多的"业绩点"的工具，选择项目的标准也从"技术是否先进"、"是否代表学科未来发展方向"变成了"经费多不多"、"见效快不快"。在这种绩效考核制度培育起来的人与人激烈竞争的氛围中，科研活动极端私人化，我们预先的"组织内充分合作、信息充分共享"的美好设想自然也化为了泡影。例如，有两个能力和职称相仿的老师想合作申请一个课题，他们具备的知识背景和科研能力也能达成比较好的合作，但因为考虑到这个项目只有牵头人能获益（获得业绩点），他们宁愿放弃合作而自己另求个人项目，因为谁都不愿做默默无闻的"幕后英雄"。

同时，我们认为当前大学研究生人才培养的教学活动、研究生招生等业绩考核管理制度存在的一些问题对于科研合作的开展造成了不利影响：研究生行政管理关系嵌套在某一院系下，实行导师负责制管理。团队的科研水平、课题性质也由导师的兴趣和活动能力决定，研究生一般不能凭借自己的兴趣和爱好对不同方向的科研课题进行研究，只能利用其导师有限的研究平台和科研资源，被动地接受和完成导师的研究课题；研究生之间，尤其是不同导师的研究生之间，学术交流机会太少，阻碍了研究生去了解不同研究方向以及共同探讨学科发展方向和前沿趋势，减少了不同研究方向的研究生之间科研合作的可能性；研究生评奖学金和学位考核条件中过分强调学术论文的数量，往往只承认论文的第一作者或导师为第一作者时的第二作者，不承认研究生之间合作研究完成的论文成果中的第二或第三研究生作者，对研究生从事科研合作活动重视不够，严重打击了研究生从事科研合作创新活动、持续深入研究的积极性，使研究生失去了相互学习、交流和讨论的兴趣，阻碍了科研合作研究人才的培养。

此外，我们还认为我国大多数研究型大学没有一个良好的硬件平台，科研组织基本上都是在单一学科基础上建设的研究平台，各大学按院系和独立的科研机构对其进行管理，硬件资源镶嵌在院系，或者镶嵌在某些集行政和学术权力为一体的师徒式团队中，资源分散，其科研共享和继续建设没有组织支撑。一些合作平台在建设时行共享之名，运行时又各自为政，甚至出现院系研究平台公共资源谁有行政权、谁就有可能占用并无偿使用和剥夺他人使用权的现象，导致项目交叉和低水平重复建设，造成研究力量分散，致使研究领域偏窄、规模较小的问题日益显现。此外，大多数研究型大学对软件平台的建设重视不足，研究团队文化氛围不浓厚和研究领域狭小，科研团队没有新鲜血液注入，整体学术气氛不活跃，进而导致科研合作竞争能力低下。

最后，我们有针对性地提出了四点对策建议：

1. 完善科研服务平台

为开展校际科研合作创造科研合作环境、学术交流环境、人才培养环境及成果申报登记等各种宽松的环境；为促进校际科研合作做好全程支持和后勤服务工作；设计一套鼓励科研人员开展校际科研合作的合适、有效的绩效考评和激励机制；为增加校际科研合作竞争优势进行统筹规划。

2. 改进科研评价和分配体系

建立以科研合作创新、人才自由流动和择优良性竞争的激励机制；制定弹性评价制度，逐步减少刚性量化短期考核指标；在考评和分配中提倡科研合作，加强合作创新成果的分配制度建设。

3. 推动研究生科研合作创新能力培养

设立研究生科研创新基金，重点支持不同专业研究生跨一级学科联合申请的研究课题；设立优秀学位论文培育基金，鼓励研究生在本学科前沿选题，特别鼓励在基础科学与交叉学科领域有一定突破的选题；设立研究生国际学术交流资助基金，鼓励研究生进行国际学术交流，鼓励研究生积极参与科研合作项目，到国外高水平大学开展科学研究。

4. 加强科研合作平台软硬件环境建设

整合校内关联度高、学科互补、综合实力强的国家重点学科、实验室、研究中心和研究基地，整合相关实验室的科研硬件资源，提升硬件资源的利用率和总体资源实力，构建完善的信息技术网络；重视团队科研文化氛围的沉淀、科研人才的培养和科研成果的积累，创造群体凝聚的文化环境。

五、我国研究型大学新型科研组织模式构建

在前述研究的基础上，我们在报告的最后采用具有开放系统观与权变观的现代组织理论的框架对我国研究型大学新型科研组织模式进行了较为系统的探讨。我们提出了根据开放系统观与权变观的现代组织理论的研究型大学科研组织构建框架：（1）目标与价值分系统：受科学技术的突飞猛进、应用需求的快速变化以及各种社会政治经济等宏观环境因素、研究型大学自身发展定位的变化、行政管理体制改革等学校层面环境因素以及研究人员个体在价值观、兴趣爱好、学术能力等方面差异性等内部环境因素的影响，研究型大学科研组织确立合理的目标是重要而且困难的任务。（2）技术分系统：作为以知识创新为主要任务的特殊的组织，研究型大学科研组织使用的技术应能够对组织内以及组织与环境间知识的产生、转移、应用和更新起到有力的支撑。（3）社会心理分系统：对于研究型大学科研组织来说，特别需要关注的社会心理问题主要包括：如何对于科研人员给予适当的激励；如何协调科研人员之间的人际关系；如何塑造有助于提升效率的组织文化，等等。（4）组织结构分系统：研究型大学科研组织需要根据自身的组织目标和所处环境适当地在这些组织结构模式中进行选择，针对在资源约束下的科研力量分散、教学与科研冲突等问题探索相应的组织结构模式。（5）管理分系统：研究型大学科研组织应将重心转移到如何为科研活动和科研人员的发展提供服务上，以此出发探索相应的辅助性的组织结构、技术手段和政策机制。

在本研究前面分析的跨学科科研组织、绩效考核与激励机制、学习型科研组织以及科研合作组织等问题都涉及到开放系统观与权变观现代组织理论分析框架中的若干分系统，并有着交叉和相通之处，彼此之间并不存在明显的矛盾。我们用表2描述各个问题涉及的组织模式或机制中的核心要素与该分析框架的关系。

表2 本研究子问题集成

模式（机制）＼分系统	目标与价值	技术	社会心理	组织结构	管理
跨学科组织	明确的科研方向		充足的正式与非正式交流 跨学科研究文化	流动型的矩阵结构	优势集成、人才集聚、开放流动、多元化投资等内部机制及设立后勤保障等外部机制
考核与激励	组织成员与组织目标相容的自主行为		物质与精神等多样化的激励		行政管理和专业研究"双阶梯"发展
学习型组织	清晰的共同愿景	各个层面的知识共享平台、"知识地图"等平台集成工具	充足的学习机会 "无边界"组织文化	利于沟通的各种物质空间和虚拟空间 扁平化、基于研究团队的结构	开放的战略决策
合作组织		集成的科研硬件资源 完善的信息技术网络	浓厚的团队科研文化氛围沉淀		完善的科研合作服务平台

组织结构的基本模式多种多样，不同的组织形态之间难免存在矛盾，因而我们认为研究型大学科研组织建设也面临诸多取舍，例如如何在大平台的规模效应与小团队的灵活效应间求得平衡，如何权衡实体与虚拟的关系，如何处理稳定与动态，在该部分的研究中我们对上述关系进行了探讨。

1. "大平台"与"小团队"

大平台、大投入、大项目是当前我国研究型大学科研组织最重要的发展趋势，这点无庸置疑；灵活、风险小、管理协调成本低是创新小团队所独有的优势。我们建议，在创建大平台的同时应注重对于小型团队以及个体的学术自由的尊重，防止一味追求规模和一致性而影响其发展空间和整体的创新活力。在大平台内部，应在目标与价值体系的指导下给予小团队及个人充分的活动空间；对于大平台之外的团队和个体应给予其选择是否进入的权利。此外，对于大平台外的小团队和个体，应充分发挥其在前瞻性研究创意方面的专业性和灵活性。

2. "实体"与"虚拟"

我们认为，虚拟组织的出现可以很好地弥补传统实体化科研组织条块分割的缺点，体现了开放系统观现代组织理论的基本思想。然而受限于管理和技术方面的难度，近阶段研究型大学科研组织模式应仍以实体组织为主，虚拟组织为辅。虚拟组织可以作为实体组织的有益补充，尤其在跨学科科研合作组织方面成为主要的组织形式。

3. "稳定"与"动态"

我们认为，在促进人员流动方面我国研究型大学的措施力度可以更大一些。对于独立于院系的科技创新平台等科研机构，其所有人员都可实行聘任制，按需设岗，按岗聘人。此外，我国研究型大学科研组织应借鉴国外一流科研机构的经验，根据外部环境与自身能力的动态变化，审时度势，在必要的时候对研究方向做调整乃至根本性变革，变被动为主动。

最后，我们将贯穿本研究始终的核心思想总结为：一是打破壁垒尤其是横向壁垒、实现资源优化整合，二是坚持组织形式和管理方式的多样性。

我们提出：理想的研究型大学科研组织中应具有多种类型、多个层次的跨学科组织、科研合作组织以及学习型组织。

新型研究型大学科研组织的构建应以横跨多个专业甚至学院、作为跨学科与科研合作依托实体的科技创新平台和哲学社会科学研究基地为重中之重。这种平台是一种矩阵式、网络化、柔性化的结构,教师、科研人员和研究生都是这个网络结构中的一个结点,既属于纵向的院系结构,又属于横向的创新平台。具体而言,人事关系可保留在院系,但科研管理服从创新平台的统一协调。在创新平台内部,可进一步推进横向的组织模式。应以研究项目为最基本的科研活动单元,随着项目的申请、执行、完成,团队不断组建、发展、解构与重组。一个个项目团队如同一个个"血红细胞",在不断地自我更新中实现研究组织整体的"器官"功能。而专业化的支持团队则发挥着统筹协调资源、营造无边界组织文化、提供知识共享技术服务等辅助功能,特别是要在营造物质空间、虚拟空间和精神空间的"场"上多下功夫,为组织内部打破壁垒,促进知识交流创造环境。

而在创新平台以上的层面,应重点大力发展国家实验室等以重大基础性研究和战略性研究为主要任务、瞄准世界一流目标的国家级科研机构。这种国家实验室独立性更强,应具有更多的自主权,但其构建同样可以适当地采用矩阵式、网络式的结构。

我们认为研究型大学的科研组织不可能只有一种模式,决不能搞一刀切。绝大多数的研究型大学科研组织模式处于"大平台"与"小团队"、"实体"与"虚拟"、"稳定"与"动态"等对立统一的关系两极之间的过渡地带。除外显的、"硬"的组织结构之外,多样性的组织特质也反映在一整套与之匹配的、"软"的管理机制上。这些机制,尤其是考核与激励机制的设计务必应根据组织所在具体环境而做特定的设计与调整。

我们设想:理想中的研究型大学科研组织,将包括教授研究室、研究所、科技创新平台、哲学社会科学研究基地、国家重点实验室、国家工程技术中心、产学研合作大学研究院、国家实验室等不同层次、不同规模、不同使命的各类模式。在适应具体组织环境的管理机制支撑下,这些组织将在各自专注的领域开展研究活动,并频繁交叉互动,从而形成富有生命力的"科研生态体系",并实现伯顿·克拉克所提倡的"无序的合理性"。

全面小康与基本现代化时期的教育现代化新发展研究[*]

周稽裘

(江苏省教育厅)

一、研究内容与方法

本课题的主要研究内容建立在本课题研究的总的起点和本课题具体研究的理论与实践起点上。本课题研究的总的起点是:教育形态作为一种社会生态,它需要谋求与经济、社会、文化统筹发展的各种机制,需要从物质、制度、观念三个不同的层面去研究可持续发展中的需求、矛盾、层次、类别以及政策制定等问题,这样才可能建立一个与经济、社会、文化相协调的、和谐的教育现代化形态以及探索一条可持续发展的道路。本课题具体研究的理论与实践起点是:教育的"普及"问题。这里的"普及"主要指的是作为全面建设小康社会教育起点的九年义务教育普及和之后的"后普及"发展问题,由此可以引发教育生态中需求多元化的结构性变革和供给机制的多样化变革,并进而生发出教育现代化进程中一系列与公共教育政策制定有关的研究问题与新发展观。

(一)研究内容

1. 高普及与多样化并举

主要研究教育需求的多元化与总量供给机制的多样化问题。随着九年义务教育的普及,人们的教育需求在量与质上均出现了多元化的趋势,

---

[*] 本文是周稽裘研究员主持的全国教育科学"十五"规划重点课题"全面小康与基本现代化时期的教育现代化新发展研究"(课题批准号:AGA030003)结题报告的主要内容。

与之相匹配，要求有相应的多样供给机制，这是保证教育持续发展的前提，也是全面建设小康时期教育发展战略研究和公共教育政策制定与调整的起点。由此，研究的内容有：全面建设小康时期的多元教育需求及其政策定位研究；政府、市场、社会公益力量在有效供给机制中的关系研究；多元教育需求与有效供给机制的匹配研究；教育发展规模与办学条件保障之间的关系研究。

2. 高位均衡与相对公平同构

研究教育普及中的优质资源均衡配置与利益协调机制问题。在教育的多元需求获得一定满足、有效供给机制相对形成后，教育的均衡问题将由基本保障条件的量的均衡向多元化的质的均衡转变与发展，这是教育发展进程中必然出现也无法回避的新问题，也是全面建设小康时期教育发展战略研究和公共教育政策制定与调整向纵深推进的动力。由此，研究的内容有：社会阶层的分化与不同教育需求层次的研究；全面建设小康时期教育均衡发展的质性要求及其特征研究；市场机制与公共教育政策在教育资源配置和全面协调中的作用研究；教育的公平与效率在全面建设小康时期的新特点研究。

3. 传统与现代交融

主要研究国家文化、精英文化、世俗文化三种文化的冲突与交融问题。由教育的多元需求、供给机制的多元需求和均衡发展的多元需求引发的是文化价值观念的多元需求，并可能引发国家文化、精英文化、世俗文化三种文化的冲突与交融，且对教育的培养目标和人才标准等带来一定的冲击与变化。因此可以说，教育问题具有鲜明的文化特性和价值特性。对这一问题的研究，与真正实现人的全面发展的教育目标，与真正确立"以人为本"的教育理念密切相关，也是全面建设小康时期教育发展战略研究和公共教育政策制定与调整的最终旨归。由此，研究的内容有：国家文化、精英文化、世俗文化的特性与关系研究；多元文化需求与教育价值观的选择研究；多元文化的渗透与教育平衡机制的选择研究；可持续发展的合理教育生态的建立与公共教育政策的调控研究。

（二）研究方法

本课题研究方法基于本研究的层面定位。本研究的层面定位是：本课题既不立足于教育现代化纯理论的探讨，也不立足于教育现代化纯技术的操作，而是立足于教育现代化进程中公共教育政策的制定层面，试图研究的是一个介于教育现代化理论与实践之间或联通教育现代化理论与实践的、在新发展观指导下的、带有战略性目标的政策制定问题。由此，本课题研究主要采取理论探究、实际考察、个案分析、战略建构四位一体的做法，既将逻辑演绎、历史回顾和比较分析相互结合，又将教育学、社会学与未来学各学科贯通融汇，以形成一种整体、有机的研究视野与研究方法。具体研究方法包括文献法、内容分析法、问卷调查法、访谈法等。

二、研究分析与讨论

（一）教育现代化新发展的供给生态

就教育现代化新发展的供给生态而言，主要解决的是教育总量供给不足的问题。穷国办大教育最大的问题是资源不足，在普及九年义务教育之后，人们的教育需求发生了较大的变化，逐渐由量的需求转向质的需求，由一元需求转向多元需求，由生存性需求转向发展性需求，由一次需求转向终身需求。这样，历史上由政府包揽的一元办学机制，虽然在计划经济时代发挥了主要的作用，但现在却遭遇到了挑战，因为事实上单一的政府供给机制已经失灵，因此，完善的教育供给生态应该是政府主导下的多渠道供给生态，它由市场机制和社会公益机制共同构建。为此，本课题对当前社会公益机制的创新作了专门的研究。

传统的教育供给的政府主导体制存在两个问题：一是总量供给不足。应当看到，"人口多，底子薄"是近代以来乃至当今中国不容忽视的一个重要特征。我们仍然处于社会主义初级阶段，与西方发达国家相比，经济和社会的发展以及综合国力仍然相对落后，社会主义初级阶段落后的社会生产力与人民群众日益增长的物质和文化需求之间的基本矛盾仍然非常突出，由此派生的资源的稀缺性与需求的无限性之间的矛盾，包括教育供给总量跟不上需要，教育供给标准逐步提高，教育运行的成本不断增长，以及教育的消费需求与教育的社会需求之间的矛盾，这些都给新时期的教育供给带来了巨大压力。显然，作为一个发展中的人口大国，要以政府有限的教育经费来承担占世界近五分之一人口的教育供给是远远不够的，因此，必须谋求多渠道。二是政府供给机制自身的不完善。主要指政府的供给没有真正实现保障作用，常常随着人治出现波动，造成"年年有增长、年年无保障"的供给格局。即使实行"三增长一优先"的宏观监测引导政府投入的稳定性，但也因为缺少科学微观的保障机制而导致管理失灵。因此，必须从单纯扩大供给走向有保障供给，因为总量供给够与不够的本质是保障问题。

具体来说,政府要在过去"三增长一优先"、强调宏观监测的基础上,建立保障发展的微观机制。一是要有保障目标,即保工资、保安全、保运转、保贫困生、保发展;二是要有保障水平,要有国家与各级政府的相应的保障标准;三是规范保障实施,坚决制止经费不到位或乱收费;四是完善保障结果的监督和问责,不仅要有督导,还要有审计与监察。这样,才能使政府的保障作用建立在更为科学的基础上。

解决总量不足的措施,是在依法保障政府公共教育投入的前提下,在教育供给尤其是非义务教育供给领域适度引入市场机制,运用成本分担原则,实现日益增长的教育需求与政府资金缺乏和机制不完善之间的平衡。这也是由市场机制的特有功能决定的。市场机制具有资源优化、提高配置效率的功能。公平竞争,是市场机制的一项重要原则。通过公平竞争,可以促进教育资源在地区之间、学校之间的合理流动和相对集聚。优胜劣汰是市场经济的法则,一般来说,教育资源都是向教育需求旺盛、市场前景广阔、教育服务优秀的地区和教育机构集聚,同时,为了应对激烈的教育竞争,在市场机制作用下,各个地区和教育机构的内部也会产生强烈的资源整合和优化的内在驱动力,促使各教育机构之间强强联合,强弱兼并,实行资产重组,盘活存量资源,产生1+1>2的规模效应,最大限度地提升教育供给的效率。市场机制具有筹措资金功能。在社会主义市场经济条件下,市场机制具有强大的社会资金集聚功能。在旺盛的市场需求吸引下,社会资金会源源不断地流向教育,并从而缓解公共教育经费的不足。市场机制具有供需平衡功能。"需求导向"是市场机制运作中一项重要的内在规则。在铁的价值规律的作用下,哪里有需求,教育资源就向哪里流动,如此周而复始,促使教育供给与教育需求一直处于相对平衡状态。总之,市场机制解决的是老百姓最需求的问题,在当前解决"有没有学上"的领域中,民办高校是有效利用市场机制的机构;在解决"有没有好学上"的领域中,非义务教育阶段的各类优质民办学校则是可以运用市场机制的机构。当然,市场机制也有失灵之处,市场调节也有其固有的弱点,表现为市场调节具有自发性,如果不加规制,就不可能真正保障合理的教育供给;市场调节具有趋利性,从某种意义上说,市场经济就是利益经济,不可能自动作为公益力量来调节社会公平,扶助弱势群体。

由于政府教育财政的直接供给不足以及市场机制固有的营利需求、谋求回报所带来的不完善,使对社会弱势群体的救助成为问题,这就迫使人们思考除政府、市场外,必须谋求社会公益机制,形成一个与多元教育需求相匹配的多元供给机制,保证以多元化的供给与保障机制满足多元化的教育需求。事实上,随着社会物质财富的日益增加和积聚,也使供给生态的创新成为可能。建立包括社会公益机制在内的多元教育供给机制,体现多方利益诉求,不仅有利于缓解教育经费短缺,扩大教育供给总量并提高教育质量;更深层次的意义在于,唤起企业家的社会责任感,积极参与社会公益事业,在财富积聚之后合理散财,寻找财富的归宿,有利于调和社会转型期多元利益主体的冲突和矛盾,符合构建和谐社会的旨归。

本研究着力从两方面探讨了社会公益机制问题:

1. 探讨社会公益参与的新机制

这是本课题在教育现代化新发展的供给生态部分对教育供给"公益参与"的应用性理论创新。中国的特殊问题是中小企业很多,本身拥有的自有周转资金较少,要在不妨害他们经营利益的基础上建立募捐机制,就要改善公益运作机制,一是实行国家税收优惠,二是将捐赠的基金所有权和使用权分离运作,即冠名留本。本课题在剖析常州、无锡两个基金会探索"企业留本冠名认捐"的慈善捐赠新方式案例基础上,提出了基金所有权和使用权分离运作的新机制理论,创新社会慈善捐赠方式,实现企业发展与社会公益发展共赢的和谐局面。2005年江苏省常州市慈善总会开展了"慈善月"活动,常州市慈善基金从原来的1 189万元猛增至2.5亿多元。截至2006年1月,常州市本级慈善基金总量达到了3.44亿元,加上金坛、溧阳、武进的慈善基金6.8亿元,全市慈善基金总量达到10.24亿元,位列江苏省第一,在全国处于领先水平。实现这一慈善捐赠爆炸式增长的背后,除了宣传发动、政府领导表率之外,很重要的一点,就是创新了捐赠形式。常州市慈善总会采取了与以往"慈善一日捐"截然不同的方式,除了把捐款全部吸纳为慈善基金,依法安全运作的方式外,还开创了"企业留本冠名基金"的捐赠方式,即企业认捐通过签订协议的契约方式。捐认资金所有权归基金会,但资金使用权仍在企业。为了克服小企业捐赠后自有资金短缺的困难,捐赠本金仍留在企业合法正常运作,每年将本金7%的利息分两次交付给市慈善总会。对捐资1 000万元的重点企业,慈善总会根据其意愿,实行助困、助医、助残、助学等定向冠名救助,方便企业了解捐赠资金的流向。在此基础上，创新救助样式，安排捐资企业家直接参与发放救助金。正是这种灵活的捐赠形式，透明的资助方式，激发了众多企业家的捐赠热情。在"不靠行政推动、不靠任务摊派、不下硬性指标"的前提下，走出了"依靠宣传发动，坚持自愿原则，重点企业带头，社会广泛参与"的公益捐赠新路。继常州之后，无锡市慈善总会于2006年建立了"冠名认捐基金"，在运作上与常州市慈善总会的"企业留本冠名基金"相仿。截至2008年11月，无锡市慈善总会已募集到48家单位的冠名认捐基金4.28亿元，实现了历史性的突破。常州和无锡两市慈善总会的成功案例，显示了"企业留本冠名认捐"的慈善捐赠方式具有一定的推广意义和发展空间，是基于现阶段我国企业发展实际情况的公益参与模式创新。

2. 探讨社会公益参与的理论解释

经济的富裕、制度的激励和内在的意愿已初步形成我国发展社会公益的可能基础。首先是作为物质基础的财富积累。在综合国力大大提升的同时，中国大地上涌现出一批杰出的企业和企业家，他们积累了庞大的资金，并且正以不可思议的速度积聚，这从近年来在社会上引起广大反响的财富榜可以得出结论。据2004年胡润中国内地百富榜统计，内地首富已有百亿资产，2003年百富榜前20名富人的平均资产为40.95亿元，而这个数据在2004年已攀升为55.5亿元，年增长率36%。虽然百富榜只是我国民间财富积累的一个缩影，其准确度也存在争议，但至少说明了我国民间财富积累已达相当规模，且快速增长，这为民间社会力量从事公益事业、参与教育供给构建了相对丰厚的物质基础。其次是作为制度基础的政策鼓励。按照国际通行惯例，公益捐款均能享受一定比例的免税优惠，这是运用财税制度鼓励捐赠行为。我国目前对于教育捐赠的税收优惠强于其他公益事业，2004年2月5日下发的《财政部国家税务总局关于教育税收政策的通知》（财税［2004］39号）第八条规定："纳税人通过中国境内非营利的社会团体、国家机关向教育事业的捐赠，准予在企业所得税和个人所得税前全额扣除。"这相对于其他类型的公益捐赠规定"个人年度应纳税所得额的30%、企业年度应纳税所得额的3%的范围内捐赠免税"已是很大的优惠措施了。此外，政府也意识到，随着民间资本日益强大，发挥民间资本的积极作用，并及时引导其作用的重点从早期的个人救济逐步向参与社会公益事务发展，是当下之所需，同时在基金会的政策上也有了新的突破。2004年6月1日实施的《基金会管理条例》首次对基金会作了公募型和非公募型之分，确立了私立基金会的合法地位，使中国的企业和个人也可以出资设立基金会从事公益事业。而在此之前，由于政策不明晰，即使有企业家有意成立基金会从事公益事业也是持观望态度。再次是作为意愿基础的内在需求。以马斯洛的需要层次理论分析，绝大多数个人捐助不是为了经济上的回报，更多的是为了满足交往、尊重、自我实现等高层次的精神需要，或是出于道德和责任的体验和实践。企业等法人参与社会公益，则多从获得长远社会效益回报考虑，意在公众中树立良好的企业形象，得到社会的认同，培育潜在的用户群等。

在建立政府、市场、社会公益三位一体的总量供给机制中，公共教育政策的整体框架设计是：第一，完善优化供给机制，开辟多种渠道，增加教育供给总量；第二，依法治教，建立完备的公共教育财政制度，充分保障基本教育供给；第三，构建市场竞争机制，扩大教育供给，规范运行管理，提高教育供给效益；第四，创新社会公益性投入的激励机制，促进教育供给的均衡和可持续发展。

（二）教育现代化新发展的制度生态

就教育现代化新发展的制度生态而言，主要解决的是教育优质资源的高位均衡过程的配置问题。在解决了总量供给的情况下，人民群众对教育又有了新的期盼。大国办强教育，提出的就是教育优质化的问题，带来的是高位均衡的要求。如果说教育现代化新发展的供给生态所要解决的是教育基本资源的配置问题，那么教育现代化新发展的制度生态所要解决的难点则是教育优质资源的公平合理分配问题。它既要在不断扩大优质资源总量的基础上实现教育的高位均衡，又要伴随扩大过程对现有优质教育资源进行公平合理分配。这里，合理的分配机制与均衡发展的协调机制，正是围绕扩大和配置优质资源中解决效率与公平这一矛盾的制度安排，也是一种和谐的社会秩序与教育秩序的显现和形成制度生态的重要支柱。

随着教育现代化进程的不断推进，发展过程中的一些矛盾冲突逐渐显露，教育发展不均衡问题也日益突出。这种不均衡主要表现在两个方面：一是原有教育不均衡的加剧，包括区域之间发展不均衡、城乡之间发展不均衡和学校之间发展不均衡；二是新的教育发展不均衡的产生，包括城市学校中的新二元文化结构、城市贫民对优质资源的无法享用。造成这些教育资源尤其是优质教育资源分配不均衡的原因,不仅具有原先体制的痕迹,而且具有新背景下阶层分化的特征介入,以及资源分配中公共教育政策的不合理运作,对这些原因的深入剖析是研究教育现代化新发展的制度生态的重要起点。第一,国家分配机制的保障性缺失。就总体而言,历史等诸因素造成的国家分配机制的保障性缺失,是导致教育资源分配不公的重要且首要的原因。主要包括四个方面:一是城乡二元结构失衡造成教育差距不断扩大;二是新老经济格局交替缺少市场调节补充机制;三是政府行政管理中的民主缺失;四是历史文化积淀的烙印。第二,阶层分化的新元素介入。社会阶层分化是社会转型期最重要的社会现象之一,既然教育不可能游离于社会而存在,社会阶层的分化就不能不对教育产生影响。这里特别要提及的是资源分配中的阶层性冲突问题,更多指的是与社会的阶层分化格局有所差异的地方。尽管不少学者在阐释社会阶层时曾指出,在20世纪八九十年代初期分化而成的那些阶层,开始出现相对定型化的格局,其标志为:阶层之间的边界开始形成;阶层内部认同的形成;阶层之间的流动开始减少和常规化。但事实是,各类阶层之间开始出现定型化趋势并不表明教育及其各类教育需求也出现相应的定型化趋势,恰恰相反,二者之间可能出现某种差异,并可能引发社会阶层的部分流动。这表明,社会阶层分化与教育以及教育公平之间存在着相当复杂的关系。就阶层之间的边界开始形成来说,如果说这种边界主要是从有形的居住分区与无形的生活方式和文化消费加以辨析的话,那么这种边界反应在教育问题上起码并不十分清晰。对教育的需求与追求有时并不因为居住的贫寒和消费的低下而放弃,教育作为目前重要甚至是唯一可能改变阶层利益的途径,人们不可能轻易放弃和退却。这样,人们对教育需求的追求常常超越了某种作为社会分层的既定边界规则。就阶层内部认同的形成来说,可以说教育问题尤其是在教育公平问题上,一种"我们"或"他们"的区分可能并不像对阶层本身的认同那样清晰,因为各类阶层自身对教育需求虽然说都有一定的基本定位,但与此同时,希望通过教育能打破某种差别的愿望在一定程度上更加迫切。这样,对教育改变阶层身份以及对教育公平的期待就压在子女的各阶段考试及其考分上,他们坚信分数面前人人平等,分数能够成为改变阶层身份的重要法码。就阶层之间的流动开始减少和常规化来说,社会阶层与教育阶层之间同样存在程度不等的差异。如同社会阶层主要通过职业的变换形成向上流动的趋势并可以相应提高收入与改善生活状况一样,教育阶层的流动主要通过读书形成向上流动的趋势并相应改变自身生存状态;而与社会阶层流动自20世纪80年代中后期到90年代中后期呈逐渐减少与固定的现象相反,教育阶层的流动可能恰恰呈现上升趋势。第三,资源分配政策导致的不合理性。这里特别提及的是公共教育政策的警觉失灵。这种警觉失灵并不是指政策的理论制定与实际运作之间的差距没有被意识到,而是指政策在制定之初对意料中的矛盾与冲突的警觉失灵;并不是指政策本身的人文关怀因素,而是指政策制定者很少能够把自己也作为客观的研究对象的警觉失灵;也并不是指政策本身的不公平的人为制造,而是指对政策的集体无意识的默认。

如此,为了有效解决人民群众对优质资源的强烈需求与现有优质资源不足的矛盾,一是要继续增加教育投入。要推进教育的高位均衡发展,通过提升非优质资源和完全新建优质学校等措施,加大优质教育资源的总量;二是要寻找有效的途径,依托原有的优质资源,在改革创新中放大优质资源。事实证明,这是一条更有效率的发展之路。以江苏为例,江苏在普及高中阶段教育过程中,采取边普及边均衡的策略,这些年加快优质高中建设,并在建设中努力实现两个转变:办学目标从强调办学条件合格向办学水平合格转变,功能目标从单一的窗口作用向辐射服务作用转变,带动了全省高中办学规模和办学水平的整体提高。目前,全省省级示范校以上优质普通高中占高中总数的60%,全省优质高中招生数占学生总数的80%以上。为了继续把高中教育做大做强,全省有百所老学校实现了异地重建,高中办学条件明显改善,均衡程度有了明显提高。江苏还特别鼓励一批教育质量高、社会声誉好的著名高中,由学校独立或与社会力量联合举办民办高中,让这些知名高中以新机制"孵化"同类高中,放大名校资源,充分发挥了这些学校长期形成的教育优势,走出一条多、快、好、省地发展高中教育特别是优质高中教育的路子。

在非义务教育阶段的竞争性领域中,适度运用市场机制,既补充了政府的财力不足,有利于扩大优质资源,也满足了有承担能力的群众上好学的愿望,整体上提高了优质资源覆盖率和优质教育均衡性。当然应当看到,在扩大和享用优质资源的过程中,一个不容忽视的问题就是如何正确处理教育的公平与效率的问题。教育公平与效率的关系在当前的历史时期有三个主要特点,即相对公平是有限公平;现阶段不谈效率只能是低水平的公平;公平与效率的协调兼顾应始终如一。而依据"存量保公平,增量促效率"的重要原则,教育现代化新发展的制度生态的公共教育政策的整体框架设计是:第一,坚持基本教育权利的平等保障原则,即人人享有的义务教育权利保障,关注特定群体义务教育权利的补偿保障;第二,坚持参与机会的平等原则,即建立非义务教育阶段入学机会平等制度,建立完善的普通教育和职业教育并举的国民教育体系,保证接受高等教育的机会公平,保证劳动就业制度的机会公平;第三,坚持促进共同发展的有限差别原则,加快实施非义务教育阶段边普及边均衡策略,以存量保公平、增量扩资源为原则,既总体上坚持公办优质学校入学机会的公正分配,又有利于统筹社会资源,加快优质学校总量的扩大;第四,坚持对弱势群体的救助原则,包括政府统筹和社会政策统筹两方面。

(三)教育现代化新发展的文化生态

就教育现代化新发展的文化生态而言,主要解决的是优质化国民教育的策略落实与人的自由全面发展的问题。"后普及"时代的教育转型,带来教育发展的全新转变:一是教育呈现出多样化的态势。整个教育开始从精英教育转向大众教育,从少数人的教育转向全民教育,从一次性教育转向终生教育。二是人的全面发展的素质要求更加迫切。随着传统教育向现代教育的转型,对人的素质提出了新的更高要求。素质教育理念是我国现代教育文化自觉的产物。随着科学发展观的确立,教育回归作为其本义的人的主体发展,已逐步成为人们的共识。在这样的思想背景下,素质教育必须建立其应有的"人本"理念,打破当代有偏向的教育实践对人的发展束缚,赋予教育对象充分的发展主动性和能动性,并在发展中使每个人的尊严以及平等、自由的权利得到保证。促进人的素质的全面发展是一个世界性的课题,《学会生存》中认为,"把一个人在体力、智力、情绪、伦理各方面的因素综合起来,使他成为一个完善的人,这就是对教育基本目的的一个广义的界说"。三是谋求终身发展。在当今世界,那种拥有一种知识或技能后可以终身享用的观念已经过时。我们面对的21世纪,科学技术已上升为第一生产力,人们往往越来越难以适应由科技进步而引起的社会及经济上飞速变化的状况。在这样的情形下,需要把我国古人"活到老,学到老"的理想转变为现代教育制度,实施终身教育恰恰就可以实现人的知识积累与更新同步,适应科学技术发展和社会进步的需要。总之,能满足每一个人发展的多样化、促进人的全面发展以及终身教育构成了素质教育的本质特征,形成了教育现代化新发展的文化生态中特有的教育文化现象,因此,在教育现代化进程中,需要提升教育文化品质,而提升教育文化品质的过程也就是现代教育文化自觉的过程。这主要包含两层意思:一是现代教育文化自觉的实质是追求人自由而全面发展的教育价值和实践方式。马克思主义的最高命题是实现"一切人自由而全面的发展",在我国建构人自由而全面发展的教育价值和实践方式是现代教育文化自觉的实质,其中现代文化意识是教育自觉的前提,建构现代教育价值是教育文化自觉的核心,现代教育的实践理性是教育文化自觉的主体。二是现代教育文化自觉的重点在于对教育现代性的追寻。作为教育现代化内涵的教育现代性应具有的特征是:理性认知;人本追求;根植大众;终身关怀。

作为有着悠久历史的国家办现代化教育,在全球多元化的背景下,传统文化与现代文化、精英文化与大众文化、国家主流文化与社会多元文化等都会对教育带来直接或间接的影响,并在教育实践的各个层面出现内在的文化冲突,如时空层面的教育传统性与教育现代性的冲突,价值层面的教育工具取向与教育人本取向的冲突,行为层面的教育理想行为与教育现实行为的冲突,环境层面的学校教育与世俗教育影响的冲突。在这些冲突中,传统教育与现代教育的冲突是一个非常突出的问题。表现在:一是精英教育,从人才观到质量观到社会文化形态,贯穿的都是精英教育的理念,滞后于教育事实上已步入大众教育、终身教育的当代实践,导致重示范学校建设,轻薄弱学校改造;重普通学校建设,轻职业学校发展;重一次性学历教育,轻终身继续教育。二是市场机制引入后,社会功利与人文冲突形成片面发展的功利机制,重智育轻体育,重应试轻素质教育。由此生发出问题就是:如何在多元文化与教育价值选择的矛盾、冲突与契合中建立一种创新与契合机制。其解决的对策是在课程、学习方式、高考、学校管理等方面搭建教育现代化新发展文化生态的实践平台。

在课程改革方面,全面实施素质教育的课程具有三方面特征:一是满足大众要求,体现选择性,实行模块化加学分制的改革,解决教育面向人人的问题,并为每个学生个性的健康发展创造条件。二是体现整体结构的全面性,进行课程设置的全面性改革。强调课程的综合性，既注重学科内在的逻辑，也注重根据学生的经验组织教育内容。在初中阶段设计了理科综合课程"科学"和文科综合课程"历史与社会"，在整个义务教育阶段设计了"艺术"等。综合课程设置的目的，在于统整学生校内外生活经验，打通学科之间的壁垒，贯通知识之间的联系，构建学生完满的知识性格与精神品性。综合实践活动课程主要包括了信息技术教育、研究性学习、社区服务与社会实践、劳动技术教育等，旨在加强学生创新精神和实践能力的培养，加强学校教育与社会发展的联系，改变封闭办学、脱离社会的不良倾向，培养学生的社会责任感。三是以终生教育理念改造国民教育，分别体现在在学制体系上构建人才立交桥，突出以人的素质为本，强调人的终生学习能力，促进人的全面发展。

在学习方式的变革方面，信息时代的学习有其自身的时代性与特殊性，它是基于资源平台的开放式探究性学习，是基于跨时空平台的终身学习，是基于多元化支持平台的自主学习，是基于共享互动平台的协作学习。由此，推动学习方式变革的教育实践思路就是：积极推进教育信息化工程；把学习文化变革作为教育改革的核心；将学生素质发展的重心放到学生终身学习能力的发展上；学校管理重心转向创新性的学习管理。

在高考方面；中国评价体系中的核心是高考制度，这是一个关系到千家万户利益的异常敏感的问题。在整个教育文化生态中，高校招生考试制度对高等教育人才培养具有基础性作用，对基础教育则具有导向功能，因此，它是实现教育文化创新的一个关键点。当前以高考为核心的考试评价制度改革的滞后已严重制约中国教育的改革和发展，同时当代我国劳动人事制度的不完善和全社会过度的功利倾向，又使高考承担了过重的社会功能。统一考试、统一招生与考生多元化、高等教育多样化相背离。知识本位的考试设计违反了的人的发展与教育的基本规律。从我国高中教育和高等教育大众化阶段的发展需要出发，高考在功能重新定位的同时需要实现制度转型。一是面向高中课程考试科目设置和考试内容的多样化和选择性。高考考试组成多样化；可以通过学业水平测试体现不同学习水平和发展；可以统一考试；高等学校可以自主增加考试。同时，依据高中课程有选修模块和课程的结构，形成试题内容的可选择性。二是面向高考录取制度的多样性。录取方式的多样性原则：专科层次满足省控线，学校自主录取或免试不参加考试；高端学校在国家标准下的自主录取；一般本科院校统一录取方式依次录取。命题的多样性原则：在注重知识基础的同时更注重能力的测试和综合素质的测定。

在教育管理改革方面，教育体制改革的核心是人才培养体制的创新，其目的是要造就学校充满生机活力，创新人才辈出涌现的繁荣局面。相应的，管理体制改革的起点，同样应当放在多样性和自主选择性的制度设计上。要满足学生的发展需求与学校办学定位和办学方式的需求，要在国家统一要求基础上，促进学生、学校的多样化发展，为学校提高创新人才培养水平提供制度保障。对国家，实行集权与分权结合，体现民主性；对学校，实行现代学校制度，使其自主发展；对学生，在统一规范基础上满足学生自主性、多样化需要，并实际体现在课程管理制度和弹性学制上。这里，还需要强调的是学校管理文化的创新。首先，学校的育人本质特性是建立现代学校制度的基础。无论是从宏观和微观的角度，现代学校制度的构建都应该是学校本质特性的关照。所以，有必要从现代学校制度建设的视角，重新审视现代教育管理创新的目标。一是教育管理创新要立足于教育内涵的提升，确保素质教育的有效实施，努力实现学生全面发展的目标。二是教育管理创新要确保学校工作效率的提高，能够调动学校教育相关主体的积极性，激发学校教育的创造力。三是教育管理创新要追寻科学、民主的管理制度，确保学校自主管理和主动发展。四是教育管理创新要促进学校成为一个道德共同体，确保学校教育张扬伦理关怀。其次，学校管理文化创新的核心是组织文化变革。在现代学校制度建设的进程中，需要构建一种自主创新的学校组织文化，具体任务包括：一是作为目标诉求的组织与人的共同发展；二是作为组织特征的结构扁平化与团队多元化；三是作为行为取向的以人为本的学习文化。再次，现代学校的管理文化创新的总体思路是创新性地整合主流文化、精英文化和大众文化，形成校本特色的文化。当代学校管理文化应该是开放和民主的，在这个前提下，学校管理文化创新应着眼于学校组织价值观念的转换，重造学校教育的使命。在改造学校管理文化时，要着力更新学校的学习观念，推崇共同学习的信念，引导组织成员共同学习；要支持并奖励学校成员的学习和创新，提倡组织成员探索、交流和试验；要为建立各种团队学习创造条件，创建信任和共同理解的氛围，建立良好的沟通环境和人际关系，为知识和思想的自由流通、共享、使用和创造提供保障，激发组织成员的学习潜力从而体现出生命的真正意义。

与教育现代化新发展的文化生态相适应,其公共教育政策的基点是,与中国教育向大众化转型的基本特点相一致,满足多样化和自主选择的教育需求,提升国民素质,尤其是社会责任感、创新精神和实践能力的和谐发展,实现人的自由而全面的发展。这样,在课程政策上,一是以模块结构实现多样化与选择性的结合;二是实现以学分制管理的选课制度;三是以校本课程满足当地社会、经济发展的需要和学校特色发展的需要。在高考政策上,实行面向高中普及与面向高校选拔的多样化、多选择的命题与科目设置制度,改革高校录取方式,实行统一录取和高校自主录取相结合的政策。在管理制度政策上,实行集权与分权相结合,政府宏观管理,学校面向社会主动发展,学生在跳级、转学、选修方面有更多的自主权,从而实现兴趣、特长和社会需要的最佳配置,形成有利于创新人才成长的制度文化生态。

三、主要研究结论

(一)建立教育生态链是教育现代化在特定历史时期实现新发展的新理念与新模式

教育是整个社会生态系统的一个组成部分,其发展情势必然呈现一种整体的关联性态势,表现为教育生态系统与社会大系统的整体关联和教育生态内部各要素间的某种自然关联,其显著特征是动态平衡性。这种动态平衡趋势,应当是基于现实状况的一种随发展变化而动态生成的关联性态势,是彼此间相互作用、相互影响的一种联动式趋势。这种动态平衡也是二次现代化与一次现代化的重要区别,因为从本质上讲,二次现代化是一种世界范围的生态转型,"和谐"所反映的则是生态文明的本质要求。处于这种一、二次现代化交替变更、多种文明重复叠加的时期,理性与人本的交融,繁荣与有序的协调,整体与局部的统筹,是教育现代化新发展观生态理念的集中体现,其核心是以人为本;统筹兼顾、协调发展各类教育,是教育现代化新发展观在实践方式上使之可持续的重要选择。因此,必须从剖析近30年来我国教育现状的三大难题(即"穷国办大教育"、"大国办强教育"、"古国办现代化教育")出发,构建与全面小康和基本现代化时期相匹配的供给生态、制度生态与文化生态。

(二)完善政府财政性投入的保障机制,探索符合中国国情的公益参与机制是教育现代化新发展供给生态的重要机制

为了确保政府财政性投入在教育供给生态内的重要地位,不仅要坚持对宏观投入增长状况的监测和督导制度,而且必须完善微观投入的保障机制,即明确保障目标(如工资、安全、运行条件等)、建立保障水平的标准、规范保障实施过程、建立保障结果的督查和问责制,从而使政府的保障作用建立在更为科学的基础上。社会公益参与机制与政府投入保障机制、市场调节机制一起构成教育供给生态链。在民办教育是重要的社会供给渠道、企业是重要的社会供给主体基础上,伴随着经济发展和公民社会建设,社会公益力量尤其应当是被唤醒和被扶持的新型社会供给主体,因为作为物质基础的财富积累、作为制度基础的政策鼓励和作为意愿基础的内在需求,为公益参与这种教育供给方式提供了可能和广阔空间。其中,"企业留本冠名认捐"的慈善捐赠方式和"冠名认捐基金"运作方式,是创新公益捐赠机制,妥善处理企业公益捐赠与经济承受能力的矛盾,实现企业和社会"双赢"的可持续发展之路。教育现代化新发展的供给生态需要供给与保障机制的实现。

(三)对优质资源分配的新理解和对教育公平与效率关系的新解读,是教育现代化新发展制度生态的重要环节

对优质资源的高位均衡是人民群众的新期盼,也是大国办强教育的起点。依托现有优质资源的放大效应是扩大优质资源的有效策略,同时也带来了过渡时期优质资源分配的新挑战。就当前优质资源分配的社会矛盾而言,它不仅具有原先体制的痕迹,即国家分配机制的保障性缺失,而且具有新背景下阶层分化的特征介入;不仅在于社会的阶层分化制造出了与之相应的受教育人群的阶层分化,带来了教育需求的重大转变、教育利益的重新分配和教育公平理念的巨大挑战,而且在于阶层分化制造了新的社会权力运作结构,引发了政治、经济、文化与其之间的关联性运作。因而当前所面临的挑战,不仅具有优质资源稀缺本身所带来的矛盾,而且有优质资源分配中公共教育政策的不合理运作,即缺少政策制定前的预警机制、政策执行中的调节机制以及贯穿政策制定与执行始终的反馈和监督机制。就教育公平与效率关系的新解读而言,在当前历史时期的主要特点是:第一,教育公平是社会公平的基础,教育必须坚持相对公平的普惠性原则,但相对公平是有限公平;第二,现阶段若不谈效率则只能是低水平的公平;第三,公平与效率的协调兼顾应始终如一。教育现代化新发展的制度生态需要合理的分配机制与均衡发展的协调机制的实现。

（四）大力实施素质教育，实现课程改革、学习方式变革、高考制度改革与学校管理改革，是教育现代化新发展文化生态的实践平台

在课程改革方面，全面实施素质教育的课程具有三方面特征：一是满足大众要求，体现选择性，实行模块化加学分制的改革，解决教育面向人人的问题，并为每个学生个性的健康发展创造条件。二是体现整体结构的全面性，进行课程设置的全面性改革。强调课程的综合性，既注重学科内在的逻辑，也注重根据学生的经验组织教育内容。三是以终生教育理念改造国民教育，分别体现在学制体系上构建人才立交桥，突出以人的素质为本，强调人的终生学习能力，促进人的全面发展。在学习方式的变革方面，信息时代的学习有其自身的时代性与特殊性，它是基于资源平台的开放式学习，是基于跨时空平台的终身学习，是基于多元化支持平台的自主学习，是基于共享互动平台的协作学习。由此，推动学习方式变革的教育实践思路就是：积极推进教育信息化工程；把学习文化变革作为教育改革的核心；将学生素质发展的重心放到学生终身学习能力的发展上；学校管理重心转向创新性的学习管理。教育现代化新发展的文化生态需要互补与融合机制的实现。在高考方面，从我国高中教育和高等教育大众化阶段的发展需要出发，高考在功能重新定位的同时需要实现制度转型。一是面向高中课程考试科目设置和考试内容的多样化和选择性。二是面向高考录取制度的多样性。在学校管理方面，其改革的起点同样应当放在多样性和自主选择性的制度设计上。要满足学生的发展需求与学校办学定位和办学方式的需求，要在国家统一要求基础上，促进学生、学校的多样化发展，为学校提高创新人才培养水平提供制度保障。对国家，实行集权与分权结合，体现民主性；对学校，实行现代学校制度，使其自主发展；对学生，在统一规范基础上满足学生自主性、多样化需要，并实际体现在课程管理制度和弹性学制上。

（五）公共教育政策的整体框架设计，是构建教育现代化新发展生态链的策略性保障

就教育现代化新发展的供给生态而言，其公共教育政策的整体框架设计是：第一，完善优化供给机制，开辟多种渠道，增加教育供给总量；第二，依法治教，建立公共教育财政制度，充分保障基本教育供给；第三，构建运行市场竞争机制，扩大教育供给，提高教育供给效益；第四，构建社会公益性投入的激励机制，促进教育供给的均衡和可持续发展。就教育现代化新发展的制度生态而言，其公共教育政策的整体框架设计是：第一，坚持基本教育权利的平等保障原则，即人人享有的义务教育权利保障，特定群体义务教育权利的补偿保障，推行学前三年和高中阶段普及教育，延伸并巩固义务教育；第二，坚持参与机会的平等原则，即建立非义务教育阶段入学机会平等制度，建立完善的职业教育体系，保证接受高等教育的机会公平，保证劳动就业制度的机会公平；第三，坚持促进共同发展的有限差别原则，加快实施非义务教育阶段边普及边均衡策略，以存量保公平、增量扩资源为原则，既总体上坚持公办优质学校入学机会的公正分配，又有利于统筹社会资源，加快优质学校总量的扩大；第四，坚持对弱势群体的救助原则，包括政府统筹和社会政策统筹两方面。就教育现代化新发展的文化生态而言，其公共教育政策的基点，是与中国教育向大众化转型的基本特点相一致，满足多样化教育需求，提升国民素质，实现人的自由而全面的发展。这样，在课程政策上，一是以模块结构实现多样化与选择性的结合；二是实现以学分制管理的选课制度；三是以校本课程满足当地社会、经济发展的需要。在高考政策上，实行面向高中普及与面向高校选拔的多样化、多选择的命题与科目设置制度，改革高校录取方式，实行统一录取和高校自主录取相结合的政策。在管理制度政策上，实行集权与分权相结合，政府宏观管理，学校面向社会主动发展。

（六）理性与人本交融，繁荣与有序协调，整体与局部统筹，是教育现代化未来进程中的崭新课题

要与时俱进地把握好教育发展与改革的目标任务：第一，跟踪人类脑科学研究的最新成果，并及时将之引进教育科学研究之中，建构真正符合人的素质发展要求的现代教育教学模式，在现代科学水平上寻求理性与人本的圆融；第二，应对教育普及的巨大进步所伴随的复杂性挑战，统筹受教育者群体的统一性和多样性，构建统一的公共政策和选择性的社会政策相结合的管理平台；第三，在集权与分权相结合的制度框架内和民主开放环境中，探索决策博弈机制和动态生成的运行机制；第四，构建与和谐世界相匹配的跨文化理解教育；第五，开展中国特色的社会主义公民教育。

西南自然/人文生态系统观下特色教育发展策略

张诗亚

（西南大学）

西南自然/人文生态系统观下的特色教育发展是一个复杂的工程，本研究尝试提出如下发展策略。

一、树立满足人的生存需要的教育发展观念

教育是为人类生存而存在的。生存作为一种客观的必然，自人类产生时期就贯穿于社会发展进程之中。不管我们是否意识到，也不论什么社会意识形态，生存都是人类追求的主题，人类的一切活动都是围绕如何生存这个目标进行的。即是说，人类活动产生的原始起点和动力是生存，而追求生存的完美则成了人类活动形式与内涵的扩展，形成人类独有的社会实践活动，并由此推动着人类文明的发展与完善。"从生物学上和生理学上讲，人是毫无防备的，而且并不特别适合于他的环境……他在连续不断地对环境作斗争的过程中，求得生存，并且慢慢组成了社会。"动物与人的生存不同的地方在于：动物获取生存的能力来源于本能，虽然有研究表明他们仿佛也能"学习"，但是它们的本能与学习却不能实现类的积累与传递。人没有动物锋利的爪牙，但是却能够将类的经验积累并进行传递，使一个人从无知无识的生物体发展为有知有识能营谋社会生活的成员，这就是所谓的教育。"人之为人的显著特征就在于，他脱离了直接性和本能性的东西，而人之所以能脱离直接性和本能性的东西，就在于他的本质具有精神的理性的方面。'根据这一方面，人按其本性就不是他应当是东西'——因此，人就需要教化。"人类的生存伴随着人的精神和自身的生产来展开或者说进行。人类自身的生产一方面以物质资料的生产为基础，另一方面又必须以教育为条件，使每一代人都能在前代人的基础上向前、向上发展。每一代人不仅要求自己能生活下去，而且还要传递下一代所需要的生活的经验、知识、技能、生活规范等，所有这些都不是像一般动物那样靠天生和生物本能的生理遗传，而是经过后天的学习，接受前辈人的传、帮、带的结果。从这个角度说，人类生存所依靠的文化传递活动便是教育。不仅如此，人类要继续生存下去，并不断优化生存质量，所能够依靠的依然是教育这种文化传递活动。由此，教育乃人的生存所必须的活动。历史上无论是自在的教育还是自为的教育，概莫如此。

教育是人的生存所必须的活动，人总是希望生存得更美好，更幸福，于是，教育的追求便是人的生存质量的不断优化。由此，西南地区教育发展必须考虑生存于此自然与人文生态中的人的需求。"交融中的促新——唐克藏族小学教育功能研究"分别从不同的角度讨论了这种生存需求的内涵，这对于确立西南地区的教育目标具有一定启示意义。

当前藏族地区的教育需求应该以学生的生存为出发点，融入其他的需求。具体说，就是在培养学生基本生活素质和生存能力的基础上，培养学生对地方经济建设和文化建设的理解，以及参与其中的能力。虽然，对于基础教育阶段的学校教育而言，显然不能全部兑现这样的功能，但是也应该为此打基础。

我们从教育的本体功能与社会功能两个角度做如下重新讨论，严格地说，此二者是不能完全分开的，这里做如下划分只是基于讨论的需要。

（一）唐克藏族小学的本体功能定位

所谓教育的本体功能，也就是教育的育人功能。结合基础教育的特点以及前面来自各方面对藏族儿童生存能力的定位，笔者认为藏族教育的本体功能应该着重强调以下几个方面。

第一，重视藏族学生基础知识和基础能力的培养。小学教育是国家学制中学校教育的第一阶段，它的基本任务是使受教育者打下文化知识的基础，掌握读写算的基本能力，为接受高一级的教育做好准备。初级中学和高级中学的教育，在整个学校教育体系中有继下接上的重要作用。它一方面负有提

---

* 本文是张诗亚教授主持的全国教育科学"十五"规划教育部重点课题"发展特色教育，构建西南自然/人文生态良性互动系统"（课题批准号：DAA030071）结题报告的主要内容。

高广大劳动者文化素养的任务，一方面又要为高一级学校培养合格的生源。这就是说，基础教育的基础地位，是要为高一级学校专门人才的培养奠定好基础。即基础教育要为学生的升学打好基础。所以，升学率的目标也是基础教育中基础的标志。基础中必须含蕴着高一级专业教育中所要求的基础知识。比如藏族学生家长特别强调的基本的运算能力、基本的汉语水平、基本的藏语水平等。

第二，重视藏族学生健康的身体素质培养。在小学阶段受教育期间，如何促进身体良好地发育成长，培养一个人的健康体魄，应是基础教育基础性的标志之一。我国宪法明确规定，把发展青年、少年、儿童的"体质"，看做是基础教育的基本任务。使学生身体得到良好的发展应包括"生长"和"发育"两个方面。生长主要指细胞的繁殖和细胞间质的增加所形成的形态上的变化；而发育则指人在成长过程中有机体各器官各系统在形态和机能上的变化。体质就是身体的质量，是人在活动中表现出来的功能和形态上相对稳定的特性。

第三，重视藏族学生良好的品德素质培养。基础教育的基本任务是提高全民族的基本素质，"基础教育是提高民族素质的奠基工程"。民族素质是个综合概念，其中首要含义是公民素质。公民按通常的语义是具有一国国籍并享有该国宪法和法律规定的权利和履行宪法和法律规定的义务。在现代社会里，公民是国家的主人，在社会生活中是独立平等的一个社会成员。公民享有的权利包括政治上的权利，信仰自由、人身自由、人格尊严、公民财产不受侵犯、通信自由、劳动就业、休息、退休社会保障、受教育、婚姻自由等权利。同时，公民也要履行法律规定的各种义务：维护国家统一和民族团结、遵守法纪、保卫国家、爱护公共财产、遵守公共秩序、遵守社会公德、纳税、服兵役、接受教育的义务。百年大计，教育为本；教育大计，育人为本；育人大计，塑造民族精神为本。

（二）唐克藏族小学教育政治功能定位

思想政治素质是人的素质中最根本和核心的素质，笔者认为，唐克藏族小学在教育政治功能定位上要注重政治素质对其他素质所具有的动力、激励、导向和保证作用。西部地区教育尤其是民族教育其特殊性在于"民族性"，由于其生源基本上来自欠发达的民族地区，受民族地区经济、社会、文化发展状况的影响，学生思想观念较保守，竞争意识不强，创新意识较差，能力较弱。需要指出的是，民族地区的思想政治教育历来受到党和国家的高度重视，在唐克藏族小学现有的教学内容中，国家认同教育、爱国主义教育等方面的政治教育内容在课程中得到了较好渗透。因此，本研究不就此深入探讨。

（三）唐克藏族小学教育经济功能定位

基于唐克经济的发展，笔者认为，唐克藏族小学的教育经济功能应该做如下定位。

第一，培养唐克学生参与家乡经济建设的能力。在当前和今后相当长一段时间，经济发展不平衡依然是威胁藏区社会和谐的重要因素。目前，从本研究对若尔盖县域经济了解的情况来看，收入分配失衡导致的贫富差距出现扩大化的倾向，由此带来的贫富阶层之间的矛盾也比较突出。这主要是由于再分配调节力度有限所致，社会产品的第三次分配几乎没有。因此，我们必须意识到经济发展不均衡与由此带来的贫富分化是影响藏区和谐社会建设的重要物质障碍。所以，我们认为，在相当长一段时间，实现农区与牧区人民群众增收，提高人民群众的生活水平是构建藏区和谐社会必须面临的挑战。在这样的情况下，作为藏区社会系统重要组成部分的教育系统，有责任充分发挥其经济功能，为藏区的经济发展与和谐社会的建设贡献力量。从目前藏区经济发展状况我们可以看出，藏区发展急需一批能够参与一线生产的技术性人才。然而，由于藏区地理位置相对偏远，自然条件恶劣，经济发展落后，在引进人才方面更是困难较大，同时，一些涉及强烈民族文化特点和区域特点的行业是外来人才很难胜任的。在各类教育结构中，职业技术教育较之于其他教育类型在培养和提高劳动技能方面具有不可替代的效率，因此，我们认为藏区教育为经济文化服务的一个重要突破口是大力发展职业技术教育，职业技术教育是工业化和生产社会化、现代化的主要支柱。藏区职业技术教育是把藏区人口资源转化为智力资源、智力资源转化为生产力的重要桥梁。

第二，培养学生与自然环境和谐相处的能力。和谐社会是一个可持续发展的社会。人与自然的和谐发展的诉求从古人提出的"天人合一"精神里面就有所体现，要可持续发展，就必须尊重自然，科学合理地利用自然，只有这样人与自然才有可能和谐，社会的良性运行和协调发展也才有可能实现。任何形式的以牺牲后人的利益为代价来仅仅满足当代人的需要的行为都是不符合和谐社会建设的要求的，因为，和谐社会所要求的可持续发展，既是社会的经济、政治、文化和教育的协调发展，同时也是社会经济增长与生态环境的和谐发展。藏区特殊的地理位置决定了生态环境的脆弱性，使其成为关系能否实现经济社会可持续发展和社会和谐进步的关键。前面提到的草原沙漠化问题是一个典型。当地人民群众是当地环境保护的生力军，青少年学生作为藏区继承者和建设者，只有他们培养起了正确的环境观和科学的环境保护技巧，人与环境的和谐关系也才有可能实现。

（四）唐克藏族小学教育文化功能定位

藏区文化要适应客观世界和生产关系的发展就对作为文化享有者的人们提出这样的要求：要求人们具备理性的思维方式，正确摆放人与神的位置，要提升人的主体价值；要有强烈的社会、市场参与意识和竞争意识，要学会在竞争中谋求发展；要有正确的法制观念，以契约和规则作为参与社会事务的准绳；而这一切都必须以正确的民族文化价值观为前提。这些要求也正是文化转型期藏区学校教育文化功能定位的基本规定。

基于这样的思考，笔者认为唐克藏族小学的教育文化功能定位应该包括如下几方面。

第一，培养学生正确的文化价值观。其中包括培养学生正确看待多元文化时代的本民族文化。培养学生正确分析多元社会系统中的文化系统。通过正确的文化价值观的教育，最终是要培养青少年意识到"不论是传统的，还是现代的；不管是民族的，还是外来的；也不论是高雅的，还是世俗的，只要有利于生产力的发展，有利于提高人的素质，就不能全盘否定，完全抛弃，即使是'异端学说'，也应当从中吸取有用的东西，加以发扬光大，使之为社会的发展服务"。

第二，要培养青少年学生的理性精神。其中包括培养青少年学生理性的宗教观和培养青少年学生健康的自主意识。

第三，培养学生的法制意识和规则意识。其中包括加强对藏区学生进行法律意识教育和加强对藏区学生的法律常识教育。如果说前者是教会学生的思维方式的话，后者则是教育学生的思维内容。通过这样的教育，让学生知法、懂法、守法，让他们明白现实生活中有那些法律和规则可以运用，哪些行为是合法的哪些是违法的。离开了法律常识教育法律意识教育也是不可能成功的。

第四，要培养学生的社会参与意识。这是基于社会发展，特别是市场经济文化发展的需要，对此，一方面要教育学生正确认识当前的国情和藏区的区情，让学生明确社会发展的趋势和藏区的处境，让学生学会站在更高的角度去思考问题；同时，要培养学生的参与技能，这包括作为参与广阔世界的基本知识水平和参与具体竞争领域的专业知识。

二、发展多类型教育

人之为人的特性就在于他本性的丰富性、微妙性、多样性和多面性。正由于此，教育也不应该成为一个机械的操作体系，而应丰富多样。西南地区学校教育改革也应从这里的人的现有的生存状态出发，建立多民族文化相互理解、相互共存的共生教育体系。

（一）加强区域内各类型基础教育的互补

"在现代化过程中，每个民族都只能结合本民族的文化传统，同时吸取其他民族发展中的经验，走出自己的路。这条路既有普遍性（如现代化的科学技术的应用），又有特殊性（结合自己的文化传统和发展历史）。"如果说区域内各民族文化所起的基础教育作用在民族成员身上积淀着民族传统的基础的话，那么，学校基础教育则为民族成员奠定着现代化的基础。对于西南区域内各少数民族而言，前者是民族基础教育之道，后者是民族基础教育之器。实现这种融通可以从各个方面进行，如师资、教育方式方法、教育内容等。下面仅以课程互补为例加以详述：在教育内容上，学校应当加强校本课程建设，精选民歌、民族舞蹈、民族神话等，使之成为学校课程的有机组成部分；应当进一步说明的是，在实现民族文化融入学校课程的过程中，我们应当摒弃那种课程改革中的加法思维，即认定课程改革必定是在原有的课程结构中增加相应课程。实质上，课程改革在外延层面的变革至少应当包括几种类型：增加相应课程、减少相应课程、课程外在结构的调整、课程内涵的互渗等。如云南楚雄彝族的秋千、赛马，大理白族的射箭、傣族的竞渡等都可以融入到现有的体育课程之中，成为学校体育课程的有机组成部分。侗族的大歌、苗族的蜡染、纳西等民族的银饰及很多民族的刺绣等民族艺术奇葩则应当成为建构区域内艺术类课程的资源。即便是国家规定的课程，在遵照统一的课程标准建构课程时，也应当充分渗透地方性智慧资源。生活于怒江大峡谷地带的民族如独龙族发明的飞渡溜索即智慧地运用了物理上的力学原理；又如，不少民族酿制美酒过程中也体现出化学知识的智慧运用。所有这些都可以有机地融入到物理、化学等自然学科之中。至于说处理天人与人人关系诸多之举措中所蕴涵的生存智慧更与我们当前所追求的经济可持续发展、绿色生活、和谐社会等价值观念不谋而合，它们更应成为自然、社会等课程不可或缺的资源。对于立足各民族文化的民族社区而言，应当主动理智地吸纳学校课程所传播的现代观念、科学知识与技能。

教育互补性的加强还应进一步深入到其他类型之间。在价值观念上消解对立，互相支持；在教育内容上互相补充，在教育方式上相互借鉴，在教师资源上互相分享。例如，利用宗教教育强化人们与自然和谐的生态保护意识与行为、强化寺庙教育传授为人之道的潜力，实现人与人、人与群体之间的和谐等,从而化解族群冲突乃至民族矛盾。唯其如此,西南基础教育整体系统才会真正成为统一的有机整体。

（二）进一步丰富基础教育的类型

通过调查,我们可以明显感受到西南地区尤其是少数民族地区基础教育多类型存在的客观事实,也对其中存在的诸多问题进行了揭示。除在现有类型层面对如上问题加以解决之外,还可采取相应方式,以新的民族基础教育观为指导,进一步丰富少数民族地区的基础教育类型也是解决如上问题的方式之一。为此可以从如下几个方面入手：

1. 改造一些类型

在各类型基础教育之中,有些类型在发挥促进民族地区和谐社会建构中发挥正向作用时,在价值追求与实践操作层面也往往同时存在诸多不当之处。对于学校教育而言,教育的封闭性、机械性显而易见；对于寓民族生活于一体的其他教育类型而言,教育的随意、盲目、低效乃至保守的一面也不容忽视。为此,必须对这些类型的基础教育进行改造。

在传统藏传佛教各派教育中,辩经是一种十分重要的教育方式。具体做法是：场所一般在户外露天的广场举行,全体僧人身穿红袍,头戴黄色僧冠,先念诵一回,然后分组辩论。分组时分为一对一、一对数位、数位对一位以及全体对一位的多种辩论组合。发问者站立,答辩者席地而坐,由问者厉声喝问问题,问题可以是任何关于佛法的提问,例如："既然世上所有事物皆由地、水、火、风四大组合而成,请问冰块中的'火'何在？火焰中的'水'又何在？"或者"'我'究竟存在脑中,还是身体中,还是身体以外呢？"辩者必须不假思索地马上回答。在辩经比较深入的时候,问方会瞪眼怒目,手挥念珠分散答方的注意力,并大力击掌以壮声威。击掌时右手向下拍代表消除业障降伏邪见,再上扬代表提弘正见。这种教育方式气氛热烈,击掌之声、瞪目之举配合着口中的诘问,增添了抑扬顿挫的节奏感,也增加了诘问者咄咄逼人的架势。在一问一答中启迪着佛学智慧,具有很强教育效果。其他类型的基础教育尤其是学校教育对之应当加以改造吸收,以完善自身的教育实践。

立足于从其他类型中吸收新东西,消解自身存在的诸多问题为内容的基础教育类型的改造还应当进一步全面渗透到教育观念、方式方法、组织形式、教育管理等方面。

2. 保护一些类型

西南地区基础教育在类型多样性的表面之下,某些类型的地位明显处于边缘。具体表现即是,其所应实现的教育功能远未发挥出来,其教育价值更

没有得到正常体认。这进一步表现到现实教育实践之中即是,其内容、方式方法、组织形式、各种资源配置等方面所存在的亮点与优势被漠视。例如,贵州省从江县高增乡占里村是一个侗族聚居村。这里的人们在生产与生活中智慧地构筑着族群赖以持续发展的生态系统,机智地维系着人与自然、人与他人及整个族群、人与自我的和谐。为了在有限的土地等生存资源与人口之间维持平衡,寨规规定每对夫妇只生两个孩子,终而形成"多生孩子、众人责之"的社会风尚,这在寨规中有明确规定,"一对夫妇只能生一对孩子,一男一女为最好。若谁控制不了,导致多孩,则无人娶嫁多出的孩子,村寨里的其他人看贬其家,视其猪狗不如"。更令人吃惊的是,这里的人们发明并恪守着利用自然药物对人口及性别加以控制的传统。观念上的支持及技术上的保证创造着本寨三百年人口零增长的奇迹。为了维持族人关系和谐,占里人在清中期即明确地厘定寨规并施行至今。如"不准谁手脚长,不允许谁肠子弯,村里、家里、寨外东西不准动"；"偷鸡罚银一两一、偷鸭罚银一两二……,强奸未婚女子,罚银120毫；强奸有夫之妇,罚银240毫"。正是这些规定,维系着家庭关系、邻里关系的和谐,创造着几十年刑事案件为零的奇迹。占里作为一个普通的民族聚居村,人口不多、面积不大。但是,它却构成了一个教育内容丰富、方式方法适当、教育成效极高的基础教育类型。

实际上,在对西南民族地区基础教育类型进行全面考察的过程中,与占里具有同质基础教育的类型大量存在并全面渗透在各民族的生活之中。令人忧思的事,对于它们,国家政策、教育研究等层面都还没有给予应有的关注。在现代文明的冲击之下,这些类型的基础教育衰退之势已见端倪。所以,必须制定相应政策,采取实际行动对之进行挽救与保护,以进一步丰富西南民族基础教育类型。

3. 恢复一些类型

西南各民族在长期的历史变迁中,形成了多类型的基础教育。在这些类型中,它们有的立足本土,维系着民族内的和谐与生存基础,有的则放眼于外,旨在化外部文化资源为本民族的生存与发展之基础。追溯区域内各少数民族教育变迁的历史,我们发现,有些类型的基础教育出现于特定地域,实践于特定族群,在西南教育发展历史上曾居一席之位并闪耀着耀眼的光芒。时至今日,这些类型的基础教育已尘封于历史的记忆中,如云南和顺的侨乡教育即是鲜明例证。和顺地处腾冲通往缅甸的交通要道上,明以后,和顺男人便一代代离乡背井到缅境谋生而成为著名侨乡。在外致富的和顺人客居他乡,心系

故土。人们在营造优雅宁静的生活空间，人与自然和谐生活环境的同时，对家乡文化教育的发展极其重视。从明清时期的私塾、义学到民国时期的两等学堂、女子师范、益群中学、和顺图书馆，无一不透视出和顺文化的底蕴。和顺人在自身特定的生存境遇中形成了完整的教育模式，培植着侨乡人的人生基础。在对教育作用的体认上，和顺人历来有重视教子读书传统。"幼不学，老何为，如同禽兽；三代人，不读书，好似马牛。"在教育内容上，既强调侨居他乡必备之知识如缅语的学习，也强调簿记、经营之技能的掌握。"学夷话，要留心，常念在口"；"学与算，要时刻，记在心头"；"挂账簿，要留心，以免遗漏"。同时，和顺人还极为重视人的品德教育，"做生意，要公平，不欺老幼；切不可，使尽了，奸巧计谋"。这样的教育内容及组织方式，读之琅琅上口，成为和顺人在他乡生存及发展的根本。这种特色鲜明教育类型在西南少数民族地区并不鲜见，如明代云南嵩明杨林的兰茂研读宋代关闽学派之书，并留心经济学问，对医术、阴阳、地理、丹青无不通晓。其一生著述颇多，有《滇南本草》、《医门揽要》、《韵略易通》、《声律发蒙》、《玄壶集》等。他去世后，人们对其音韵学、医药学和诗歌等方面的研究蔚然成风，在其家乡形成"兰茂之学"，形成为一种独特的教育形式。

西南少数民族地区教育发展史上存在的很多诸如此类的教育类型是一笔宝贵的财富，我们应当系统深入地对之进行整理与加工，使之从历史中走出来，在现实中进一步光大，使之成为当前西南少数民族地区基础教育类型之中的新生成员。

（三）重视发展职业教育

教育系统是一个多层次、多因素、多形态、多功能的有机整体，教育结构则是教育系统中各个组成部分、各个要素按一定的时空位置、比例关系、纵横序列有机组合的方式。教育结构是一个有既定目标的多层次、多因素、多功能的多维主体结构体系。广义的教育结构，是一个包括教育的层次（水平）结构、类型结构、学制结构、布局结构、管理体制结构、专业结构等在内的复杂的结构体系。狭义的教育结构，主要是指基础教育、职业教育和成人教育这三类教育之间的关系。一般意义的教育结构，应是指以上述三类教育的关系为基础，涉及其他教育结构方面而又不过细展开的一个研究领域和实践领域。此处所言及的教育结构为一般意义的农村教育结构。长期以来，西南地区的教育仅关注普通教育的发展，基础教育阶段强调升学教育，但是，学生高考升学率并不高。那些没有升学的学生由于缺乏基本的职业技能，不得不选择出外打工。西南地区的矿产资源、生态资源丰富，生态资源开发、环境保护和生态农业的建设亟待有专门人才参与，再加上由开发和工程建设所带动的交通、通讯、商贸、民族特色旅游、娱乐、园艺、宾馆和餐饮服务等相应发展，急需大量各类层次的、具有各种技术技能的人才和高素质的劳动者。因此，重视发展职业教育，不仅是把西南地区的自然优势转化为经济优势的需要，也是满足当地民众的多样化教育、留住本土建设人才的需要。

1. 为本地经济社会发展服务

西南地区职业教育不能脱离本地经济社会发展现实，学生接受职业教育的目的不仅是为了找到一个谋生的工作，更为重要的是，通过这种教育，使他能够了解自己的家乡，热爱自己的家园和文化，从而投身于家乡的建设事业中去。为此，西南地区的职业学校要充分利用本地的资源和市场确立办学目标，设置教育内容，充分发挥本地、本民族的特色，办出对当地群众和社会真正有用的教育。

2. 面向劳动力市场需求

在市场经济条件下，职业教育要树立"以满足市场求支持，以贡献社会求发展"的指导思想。在办学层次、办学方向的定位上，明确自己的目标市场：教育、培养数以亿计的、市场需要的实用型、技能型劳动者。服务方向上，从办普通的、普遍的、时髦的专业向有自己特点，能发挥当地优势的方向转变。从过去"先招生、再培养、后就业"的模式，转到以就业指导招生，有针对性地进行教育培养，促进就业竞争能力和提高就业率。

3. 一个成功的案例

四川省阿坝州中等职业学校依据本地经济社会发展实际，走出了一条民族地区职业教育发展的新路。其办学理念和措施对于西南地区中等职业教育发展具有借鉴意义。该校主校址选在茂县，总占地面积219亩，图书馆藏书8.5万册，拥有旅游饭店前厅实训室、客房实训室、餐厅实训室、现场导游训练室、会计模拟实验室、建材实验室、藏兽医实验室、解剖实验室、土化实验室、羌绣、根雕、唐卡画室等20余个操作实验室；1个兽医门诊部、1个藏羌艺术专业练功房，1个生产实习农牧场、1个机电实习车间、1个果品酿造酒厂、1个具备卫星传输、宽带传输的远程教育教学中心和与国际互联网连接的校园网。在人才培养模式与理念上，学校依托企业，强调职业教育与科技、经济相结合，与生产实践技术推广相结合，与国家相关职业标准和职业资格考核鉴定相结合，采取"走出去，请进来"的措施发挥职教的社会服务功能，实行与企业共同完成培养学生成才的双元制人才培养模式，倡导教师与师傅合一、学生与学徒合一、教室与车间合一、作业与产品合一和产教合一的"五合一"育人理念。在教学上根据不同专业特点，着重技能训练，重视实践操作。在专业与课程设置上，学校立足州情，以市场需求为导向，开设了农学、资源与环境、加工制造、信息技术、旅游、财经、艺术、机电等八大门类39个专业，包括全国唯一的兽用藏医学专业和独具地方特色的民俗导游、藏羌艺术专业。其中藏羌艺术专业结合藏羌民族特色，主要开设了音乐美术基础、藏羌音乐、藏羌舞蹈、藏羌民俗文化、藏羌民族服饰、藏羌饮食文化、藏羌建筑艺术、艺术欣赏等课程，这些课程既使学生获取了本民族知识，又为宣传与继承藏羌文化培育了人才。在办学体制上，学校办有五年制大专、三年制普通中专、网络教育大专、本科，还探索进行"双学历"教育即"1+2"和"2+3"的中专套读专科、本科学历教育。学校与四川大学、西南财经大学、西华大学、四川农业大学、四川行政干部管理学院、成都纺织高等专科学校等联合举办成人高等教育。学校发挥职教中心作用，积极从事农村剩余劳动力转移培训。学校被确定为四川省首批劳动力转移培训基地、四川省农村青年转移就业培训基地、阿坝州职业教育培训中心。仅2005年到2006年上半年，学校就完成阿坝州"千村科技明白人"实用技术培训944人，培训的学员回到各自乡村，在牲畜养殖、优质水果栽培、中草药种植等方面发挥技术特长，带动了本村脱贫致富；这期间，学校还进行农村剩余劳动力转移培训784人，其中包括为九寨沟培训园艺绿化工35人。

三、改革学校课程设置

千百年来，人们在与自然生态的相互作用中生存，获得了与自然相处的生产和生活经验，结成了各种社会关系，形成了自己的文化，构成了适合自己的生存系统。在学校教育没有产生之前，人们通过自在教育的方式传递着生存经验，学校出现（外来的学校进入）之后，由于学校的规范化、制度化的优势，逐渐取代了自在教育在人们生存中的中心地位。尽管如此，由于学校中的学生来自与其长期生存的环境，并且其离开学校后仍然大部分要回到原先生存的环境中去生活，这就要求学校办理的方式以及传递的内容要与学生当下要过的生活以及未来的生存相联系。从这个意义上讲，学校教育必须与学生的生存环境和谐共生。如果学校远离学生的生存环境，则难以培养学生与其生存相适应的能力，这不仅会使学生在校生活陷入痛苦中，而且可能使学生将来要么远离自己的生存家园，要么在回到原有生存家园中成为无根的草。这样的民族教育对于民族成员来讲变得多余，其生命力也不会长久。

长期以来，我国以主流文化的立场来编制课程和选择教材，民族地区的课程编制和教材选择也因循了这一立场。这种课程整齐划一，几乎没有考虑每一个活生生的个体生存的需要。"课程必须改变不重视民族文化的弱点，要把每个民族的文化都作为国家和人类的共同财富。每个民族必须了解本民族的历史和文化，也要了解其他民族的历史和文化，认识现实，这样才能使各民族学生客观地评判自己的文化，形成宽容、公正的文化观念，才能使学生能够从多文化国家利益的角度来思考问题。一个使学生对自己民族感到自卑的课程是失败的课程，也是没有生命力的课程。"因此，与自然/人文生态互动的共生教育的学校课程既要传承主流社会的文化，又要传承本土文化（包括民族文化）。

（一）改革以主流文化为立场的学科课程

改革以主流文化为立场的学科课程，在课程内容的选择上应坚持以下标准：第一，课程材料应明确显示多元文化的社会及其多元的价值准则；第二，改变用主体民族或主流文化的标准判断非主流文化或主体民族的传统，消除对少数民族的刻板印象、偏见和歧视；第三，突出知识的多样性和认识论的多样性，特别要突出民族文化知识（包括本土知识）和民族认识论对于相关问题的思考和回答，增强学生对于民族本土知识和认识论解决本土问题时独特价值与固有缺陷的认识。

在对西南地区的学科课程进行改革时，班克斯所总结的多元文化教育课程改革的四种途径具有一定借鉴意义。班克斯认为多元文化教育课程改革的途径包括：(1) 贡献途径(the Contribution Approach)，即将有关少数民族英雄的事件和少数民族的节假日加入到原有的课程实施中去，而课程在其基本结构、目标、重要特征上保持不变。(2) 附加途径(the Additive Approach)，指在没有改变课程的基本结构、主题、观点的情况下将有关少数民族的内容增加到课程中，这种途径的常用方法是将描写和介绍少数民族的内容、观念、主题的一本书、一个单元或一堂课加入到原有课程的实施中。(3) 转换途径(the Transformation Approach)，将多种少数民族的不同观点、不同的参考标准和内容整合到课程中，扩展学生对多元社会的性质、发展和复杂性的理解。(4) 作出决定和采取社会行动的途径(the Decision-Making and Social Action Approach)，包括转换途径中所运用的所有课程改革的方法，此外，还要求学生作出与他们已经学习的一些概念、问题有关的决定并采取实际的行动。从总体上来说，班克斯所总结的课程改革的四种途径的发展是多元文化课程不断完善的过程。也就是说，多元文化课程的改革要兼顾知识、能力、情感态度与价值观三大方面的目标，而不能只体现某一个方面。同时，要求学生在能力、情感态度和价值观方面的发展也使课程不只是消极地排除歧视与偏见，而是要让学校教育课程积极地反映多样文化。对于西南地区学校教育来说，不能仅仅局限于增加民族文化的内容在课程中所占比重，因为课程内容上的增加，大概处于班克斯所说的贡献阶段或附加阶段，对于培养学生形成多元文化社会所需的能力、情感态度和价值观方面没有引起充分的注意。

（二）重视地方课程与校本课程的开设

与自然/人文生态互动的共生教育需要传承与个体生存密切相关的本土文化。这一点地方课程和校本课程具有优势。地方课程是不同地方根据特定地域或社区社会发展及其对学生发展的特殊要求，以及特定的课程资源设计的课程。校本课程则是与国家课程、地方课程相对而言的课程形式，是学校根据自身特点自主决定的课程计划或方案。从实际来看，两种课程主要是开设的机构范围大小有区别，地方课程在较大区域的学校推行，校本课程仅限于本校。事实上，一个地区的地方课程与校本课程在内容上有很大的趋同性。从地方课程和校本课程开发的政策空间看，我国传统的少数民族地区课程政策是：国家课程＋民族语言课程，即在国家统一的课程计划基础上，开设民族语文课，其重点在于民族语言与文字的学习。新一轮基础教育改革已明确提出打破过去"大一统"的课程管理模式，实行国家、地方、学校三级共同管理，以增强课程对地方、学校及学生的适应性。同时，为让地方和学校拥有相应的课程选择余地，国家在课程内容和课时安排方面，对现行课程结构中的课程计划分别作了调整。新课程计划分别将语文所占的比重由原来的24%降为20%至22%，将数学所占比重由原来的16%降为13%~5%，并对其他传统科目所占的比重进行了适当的下调。将下调后积累下来的课时量分配给综合实践活动和地方课程，使综合实践活动有了6%至8%的课时，地方和学校课程有了10%~12%的课时。

对于西南地区尤其是民族地区学校教育来讲，地方课程和校本课程主要可传承包括民族的语言文字、文学、历史、地理、艺术、生产生活、科学、民风习俗等民族文化知识。至于民族文化知识占整个学校知识体系的比例则需要进行实地调查，了解当地民众的教育期望和生存需要。因为如果将民族文化知识在整个课程体系中所占有的比例提高到不恰当的程度，就会从根本上损害民族同胞的当前利益和长远利益。就很长一段时期来看，民族地区学校的主要精力应该致力于普世性文化知识的传授，在各民族和各地区之间交流日趋频繁、经济和社会一体化程度日渐加深的现代社会，掌握足够的普世性文化知识是保证各少数民族根本利益的措施。如果民族文化知识在课程体系中占据了不恰当的高比例，民族同胞参与现代经济生活和政治生活的能力也将受到损害。而且，当地学校课程体系的改革要与教育评价体制改革同步，否则，民族学校的教育竞争力将受到损害，民族学生通过教育实现社会流动的道路也将遇到更多障碍。在教材编写上，地方课程和校本课程应充分考虑到学生的年龄、性别状况和身心发展特征，把独特的民族传统文化延伸与扩大到教材中去，使教材更具有民族性特点，使地方课程充满生机、活力和吸引力，激发学生对民族文化学习活动的兴趣和积极性。

四、发展网络教育

网络教育突破传统学校教学方式的时空束缚，与课堂教育、广播教育、电视教育共同构成多元化的教育体系。与其他教育形式相比较，网络教育具有更加独特的作用：其一，使教育资源共享变为现实。借助于互联网，把各地的教育资源联系起来，供其他人分享，这样就可以使生活在教育资源贫乏地区的人们，能够学到更多的知识。其二，为学习者提供个性化学习的条件。互联网的建立为教学改革开辟了新的途径，提供了一个汇集世界各地先进学校、研究所、图书馆等各种信息资源的庞大的资料库。这便于学习者学习、了解当前社会发展和科技进步的最新知识，同时还可以得到专家们提供的"个性化"的教学指导。其三，有助于实现交互式学习。互联网把文字、图形、影像、声音、动画和其他多媒体教学软件的先进技术有机地融合在一起，可以模拟现实环境，其效果是任何单一方式无法比拟的，有利于学习者对知识的获取与保持；师生无需见面，利用网络讲座、网络辅导与答疑、E-mail和BBS等信息技术便能进行课程教学；学习者在网络课堂上可随时发表见解而不影响他人听课，同一时间内还可接受两门或多门学科的教育，以达到学习的目的。其四，有利于促进教育社会化和学习社会化。在现代社会中，科学技术正以前所未有的速度迅猛发展，仅靠学校教育提供的知识供学习者终身享用的传统教育模式显然不能适应社会发展的需要，人们必须从一次性的学校学习走向终身学习。网络教育的发展，一方面可将教育由学校扩展到家庭、社区、农村和任何信息技术普及的地域，提高教育社会化的程度；另一方面，人们还可根据自身在不同时期的不同需要，通过上网有目的、有计划地进行学习。这种学习不仅可以存在于学校或类似机构中，而且可以出现在办公室、娱乐场所、家庭和社会活动中，从而促使"学习即生活"的理想变为现实，帮助人们把生活的学习化做为一种生活状态，最终达成学习社会化。

西南有特殊的地理环境，网络教育的优势可以尽快地缩短西南地区与东部沿海地区在教育上的差距。具体说来，西南地区网络教育的发展需要注意以下几点：

（一）树立正确的教育资源数字化价值取向

网络教育说到底是利用技术实现优质教育资源的共享。然而，西部（包括西南）现有的网络教育还存在着不少认识误区。

本课题成员罗江华选取重庆市黔江区、四川省广元市、甘肃省古浪县黄羊川、青海省湟源县等西部四地作为田野考察点，重点考察了两个现代远程教育（网络教育）项目——国家主导并投资百亿巨资的"农远工程"和企业主导的"千乡万才工程"项目的应用状况。考察发现，四地两个项目的应用存在如下问题：（1）"农远工程"项目着力于将东部教育信息资源远程传送至西部地区，在一定程度上缓解了一部分边远农村小学师资紧缺的问题；项目的应用亦在部分地区促进了教师信息技术素养的提升。但是，"农远工程"项目资源的应用频率在地区及学校间存在明显差异；远程教育资源的应用活动未能发挥教师的重要作用；项目提供的远程教育资源以东部学校学科教学资源为主，不能完全适应教师、学生的实际需求，且管理部门的评价方式简单化、配套服务措施不足。（2）"千乡万才工程"项目在西部农村地区分散吸纳了150多所会员学校，以互联网为"东西联结"的渠道，其利用网络平台组织的"西才东用"、"西部故事"等活动初步取得了成效；但是，项目的"黄羊川模式"并不能在其他地区复制；当地学校有"数码才能"的教师和学生亦未能带动农民发展电子商务；企业由于资金、人力短缺的限制，对教师和学生实施的远程教育培训并未普及。项目远没有实现以数字化技术推动当地学校教育质量提高并促进当地社会信息化的目标。两个项目实践中的种种问题出现的根源既有共性又存在差异：（1）基本价值定位产生偏差。从表面上看，两个项目都倡导基于提升教师和学生素质的教育，期望当地农村学校利用项目资源，营造数字化的教育环境，致力于提升教师的专业化成长，通过发展学生的素质来为学生的未来生活做准备。但实质上，"农远工程"项目的课程资源仅围绕学科教学展开，其为"应试"服务的痕迹较重；"千乡万才工程"亦着力为学生升学与外出务工而提供网络服务。教师、学生及农民则站在摆脱贫困生活的立场，主张学校教育应当为提高"升学率"而努力；管理者以升学考试为标准作出的学校排名与奖惩办法，更加助长了这样的取向。同时，外来的"数码文化"精华与糟粕共存，而西部本土的"乡土文化"日渐凋零，学校教育处于二者无法兼顾的状态而持被动适应的态度；当地农民、教师等人呈现对数字化的排斥情结和学习本土文化传统的懈怠情绪，也在一定程度上使得外来的和本土的教育资源不能实现互融和共生。（2）实践策略的选择虽有所不同，却均存在"水土不服"的问题。"农远工程"以光盘、卫星和互联网远程提供教育信息资源为主，持"东部资源西部用"的理念，在价值追求上仅满足现有学校教育以学科教学为中心的需求，忽视师生对"生于斯、长于斯"之自然与人文资源的潜在需求，未着力于营造"外来"与"本土"教育资源共存的教育信息资源环境；而"千乡万才工程"以推进互联网的普及和构建东西部之间的网络平台为重，项目秉承数字化技术可以引领农村学校教育快速发展并推动西部社会转型的理念，在认识上陷入技术决定论的误区，在实践上更是将"人才培养"等同于"数码人才培养"。

我们认为，西南的网络教育应以实现基于生命独特性的数字化教育为旨归，具体包括：（1）树立适当的"硬件、软件与潜件"应用观。即合理认识与灵活把握"硬件、软件与潜件"，核心是引导人们将数字化技术"融入"教育。（2）在应用实践上，应当注重教育人力资源的核心作用。在强调将网络信息资源开放与共享以缩小人之信息资源占有差距的同时，当突出人的智慧，彰显人文精神，以避免我们迷失于精华与糟粕并存的虚拟世界。将数字化技术融入教学的环节，应当利用数字化工具为学习活动带来的便利条件，促进教师实现技术素养与教育思想的同步更新；而在营造数字化的教育环境时，应当以"潜件"为指导，强调其对教师与学生之个性化学习的强力支持。（3）学校教育的数字化活动应当立足于学生生存与生长的需要，关注儿童的生活世界，并将本地的传统文化资源融入学校的数字化课程体系之中。西南不同民族赖以生存的自然与人文形态多样且极具独特性。当地学校教育应当合理定位本地文化传统并推动其发展，在集成、选择与应用教育资源内容时，应注重将"外来"与"本土"教育信息资源"互融"。

（二）大力加强网络设施建设

网络教育的实施需要载体。目前国家在西部包括西南地区实施了远程教育工程,加大了网络教育投入。但总体来看,西部计算机普及率偏低,网络传输速度太慢,宽带多媒体电信网等远程教学信息传输的质量和稳定性也有待提高,且上网费用过于昂贵,尤其是西南地区幅员广大,各地区经济和教育的发展极不平衡,不发达和欠发达地区中的许多地方还不能建设宽带网,或暂时通不了网络,这些都严重地制约了西南网络教育的发展。经济发达地区和欠发达地区之间的"数字鸿沟"使网络教育和教育发展的关系陷入一种悖论状态:一方面,人们期望通过网络教育使欠发达地区能有更多的机会接受更多更好的教育,但另一方面,由于欠发达地区的网络基础设施太差,在那里或向那里开展网络教学面临着空前的困难,从而使网络教学不能真正成为推动教育发展的有效工具。多种事实证明,越是经济落后的地区,发展网络教学的迫切性越高,优势和潜力越大。因此,政府要增加对西南网络教育的投资,加大对网络基础设施的建设力度,特别是对经济欠发达地区的网络基础设施建设,为顺利开展网络教育创建良好的平台。

(三)丰富网络教育资源

教育教学资源建设是解决有资源可用的问题。西南地区网络教育资源较为贫乏。加强网络教育资源建设,除了充分利用好中国教育卫星宽带网等已有教育资源外,还要挖掘西南地区的丰富的自然与人文资源,鼓励和支持学校和教师开发适合中小学尤其是民族教育实际的地方教育资源和校本教育资源等。资源开发后,要通过教育信息中心统筹,充分利用优质资源,共享资源,而不能过多地重复制作,造成浪费。在具体的技术上,可以考虑让学校和网络技术开发公司合作开发教学课件,充分利用学校教师对教学内容熟悉、教学经验丰富和专业开发人员熟悉网络技术的优势,开发出适合网络教学的优质课件。

(四)培训网络教育师资

网络教育成败的关键在于能否尽快培养出一批能够理解和适应网络文化,并能参与网络文化创造的优秀教师队伍,并依靠这支队伍成功创造出新型的网络教学模式。目前西南地区的教师对信息技术掌握的程度还不是很高,特别是经济欠发达地区的教师有的甚至还是"网盲"、"机盲",还不习惯运用网络这一先进的技术进行教学。在调查中我们发现,西南地区有些学习中心的管理人员和辅导教师对远程教育的专业知识、行业特点等知之甚少,一些比较成熟的网络教育模式,如基于项目的学习、研究性学习、案例教学、协作学习等模式在现有的远程教育中没有得到普遍应用,大量的教学以传统课程或自学的方式进行,因此需要对远程教育从业人员尤其是承担教学和辅导任务的教师进行学习资源的设计,在线的学习引导、对学生的支持、帮助和督促,对学生学习过程的管理和学习效果的评价等方面的培训,从而提高教师的导学能力,增强教师的服务意识。

五、加强学校与社区的互动

在人类教育的发展过程中,文化的传递中心发生了很大变化。漫长的原始社会里,教育只是随伴于生产劳动与社会生活实践中的一种自然的、非独立的活动。那时的受教育者是整个年轻一代,教育者则是整个年长一代,传递的内容便是在生产和生活过程中积累的经验,也即是当时民族的文化,后来逐渐有了家庭和社区,文化内容增多,传递形式也多样。这时候的教育主要是自在的教育。学校的产生标志着自为教育的出现,它导致了人类教育活动的几乎所有要素都出现了前所未有的专门化与制度化的类型:专门化、制度化的教育者——教师(而不是整个年长一代),专门化、制度化的受教育者——学生(而不是年轻一代),专门化、制度化的教育内容——以"文献"为主要载体的所谓"文化知识"(而不是任何实践经验),专门化、制度化的教育活动空间——校舍(而不是任何场所),专门化、制度化的教育活动时间——学习年限(而不是随时地、无限期地进行)。在所有要素中,核心成分是"文化知识"。由于学校中的文化传递具有系统性、规范性的特征,且通常为学习者步入上流社会开辟着道路,结果,学校逐渐取代了家庭原来在整个传递社会中的中心地位,学生几乎无可选择,几乎是来者不拒地接受着学校的传递。学校成为了教育权威。当绝大多数儿童乃至几乎所有儿童均已成为"学生"时,学校教育的性质也发生了变化,由此前以培养精英为主的教育转变为培养合格国民为主的教育。这一转变意味着,接受学校教育对于任何终将步入社会的儿童来说均为必过一关。因此学校中的传递才被统治阶层认可为"法定传递",只有学校中传递的文化才被视为"法定文化"。学校之外的任何社会群体及个人在文化传递的权势与力量上均无法同学校抗衡。由于社会逐步将几乎所有必要的知识、技能与观念的传递均委托给学校,学校变成了年轻一代的主要知识来源,成为他们形成兴趣、标准、态度和看法的地方,学校的中心地位也更为巩固。学校的教育权威几乎不容置疑,对于学生来讲,几乎无处不在,无时不在。学校逐渐居于社会文化传递中心的过程,实际上也是其他传递主体的地位不断式微的过程。此前,儿童长期生活在家庭和社区中还可以耳濡目染、习得民族和社区文化，但随着学校和家庭、社区的不断隔离，这一条渠道也快被阻断了。

家庭是孩子产生原始的自我感觉以及形成基本的身份、动机、价值和信念的背景。社区成员均来自当地，掌握一定的民族文化知识和技能，能够弥补教师和家庭成员在传承文化中存在的不足。学生生存于家庭、学校和社区中，而且毕业后也主要服务于家庭和本地的社区。可见，家庭和社区对于学生的生存具有重要意义，可以说，家庭和社区是构建与自然/人文良性互动的共生教育的重要空间，学校必须加强和社区、家庭的合作。

（一）学校与社区合作的原则

首先，需坚持平等的文化观。要尊重本地传统文化的特殊性。各地文化是千百年来无数代人民与天地人相互作用、相互适应的结晶，留存至今有其合理性和特殊性。学校承载的是现代技术文明，并且从来都是以先进者改造落后者的姿态存在的。如今，这样的观念和行为不再适应当地社会和人民的需求，因此，在学校与社区合作中须平等对待各种文化，尊重当地人民的传统习惯。

其次，需坚持"因地制宜"的原则。由于人们所处的生活区域不同，其语言、风土人情就有许多的差异。即便在城市、乡镇、近郊农村与偏远农村、牧场，人们无论在生活上还是在接受教育的习惯上以及在民情风俗等方面都是有差异的。尤其在民族杂居的社区，各少数民族之间甚至与汉人之间在生活等各方面的差异也是存在的。因此，在学校与社区合作中必须根据当地社区的实际情况，尤其要顾及到各民族的文化底蕴、生活环境、民情风俗、人们的需求等因素，遵循一定的原则，制定具体计划和实施方案。

第三，需以本地文化与传统文化作为学校与社区合作的触点。作为文化中心的学校要担负起既传播现代科技文化知识，又传承本地传统文化的任务。双重任务的实现并非凭主观臆想就能做到，而是需要有一定的外部条件的。因此，在学校与社区的合作中，应以双方对传统文化的重视为触点，使之成为双方合作的良好开端。

第四，需以学校与社区生命共同体关系的建构作为实现本土文化传承的有效途径。在学校与社区建构生命共同体关系的过程中必然会涉及到相关的人力、财力、物力等资源的分配与共享问题。在以传统文化动态传承为目的的学校与社区合作中，这个分配、共享的过程就是传统文化在当前新的传承途径。

（二）学校与社区合作的模式

1. 以问题为出发点

这种模式是指，学校与社区间的主要联系都是在学校发生问题并引发公众注意时才进行的。这种沟通着眼于问题的解决，是相对被动的、浅层次的学校与社区间的沟通。如"五·一二"汶川大地震后学校出现了危楼校舍，社区里组织人来进行简单修缮等。

2. 以教育资源共享为前提

这种合作模式首先是物质资源方面的，学校向社区开放自身的体育场、图书馆、运动设施等作为社区的活动场所，同时社区内的文化馆、农田耕地等也可以作为学校德育教育、课外实验场所；其次是人力资源方面的，教师是学校最重要的教育资源，教师通过"家长学校"等方式对家长进行培训，不仅可以提高社区居民的文化水平还可提升其生活质量，社区内也有比较精通传统文化的老人，教师可常与他们进行沟通，向他们咨询有关传统文化的知识，也可聘请他们到学校传授传统文化和本土的思想精华或生产生活技艺。这样的合作才真正达到了文化层面的交流。

3. 以政策性法规为指引

这里所提到的法规包括国家的相关法律政策、乡镇、社区行政部门的文件以及学校本身的合作计划等。这种模式需要一定的制度保障才能确保学校与社区合作能够良性、可持续地进行下去。

4. 以社交活动为依托

学校与社区关系中的社交活动有两个主体：学校和社区。以学校为主体的活动是以学校为主导进行的学校与社区的交流活动，具体包括学校人员的出访、参观、访问，聘请社区中的专家、学者、文艺团体到校讲课、表演等。以社区为主体的活动是指由社区主导的，在社区环境内发生的学校人员与社区公众之间的沟通和合作。社交活动的主要目的是加强学校与社区间的相互了解，利用学校教育资源为社区青少年提供培训等。其主要形式有社区组织的文化体育以及娱乐活动，社区与地方卫生机构举行的保健活动、社区福利活动以及社区举行的各种辅助教学活动，等等。此类活动对于学生来说是学校教育的有益补充；对于社区来说，学校教师也是社区居民在职培训的重要师资资源。

5. 以组织为基础

这一合作模式是以相对规范的组织为活动基础，以组织的目标和规范等来约束和推动学校与社区之间的沟通和合作。这类组织主要有家长委员会、教师—家长协会、学校的公共关系小组，等等。这种合作模式是较高层次的，它需要学校与社区合作关系由被动自发转化为由组织来指引。

（三）学校与社区合作的具体措施

首先，需建立和谐共生关系的理想机制，即在终身教育理念指导下，以家庭教育为基础，以学校教育为主体，以社会教育为拓展，把学校教育、家庭教育和社会教育紧密地结合起来，相互促进，协调发展，形成强大的教育合力，促进学校教师、学生和社区居民和谐互助，完成对传统文化和本土文化的选择创新。其次，建构社区终身教育体系，加快学习型社区的建设，提高居民素质。具体而言，可采取以下措施：

1. 善用社区资源，进行乡土教学，落实乡土教育

就青少年而言，周遭的环境对其生活有最直接与长远的影响。学校以"让学生了解本地风土民情，增强对乡土的关怀"为目的，充分利用社区资源进行校外教学，指导学生了解本民族生存的地理环境及其风土民情；更要善用社区老人，进行乡土教学，协助校本课程的实施，邀请有相关能力的老人到校讲授有关社区的文化传承内容、信仰观念与价值系统，以激发青少年的民族认同感和爱乡爱国的情怀。

2. 开办社区居民学校

通过举办系列讲座等形式，传授家庭教育、主流社会基本知识，以提高社区居民参与同学校合作的素质。社区居民学校是指导社区居民参与学校活动的有效途径。其需考虑的是：可由学校和有能力的居民、家长共同管理学校与社区的活动；每学期可组织两到三次会议商讨学校遇到的问题、社区遇到的困难、学生在学习中遇到的麻烦，请老人、有经验的教师、有心得的居民、家长来座谈、讨论予以解决；定期进行评估是保证居民学校发展的必要手段，也对家长教育水平的提高和学校开展居民学校的积极性有着很好的促进作用。

3. 创办"教育议事会"

所谓"教育议事会"，是指在不更改学校办学的所有制，在不过度干预校长的办学自主权的前提下，对学校办学重大事务进行咨询和审议的外部监督组织，是学校与家长、社区进行联系、协调和合作的平台。办教育议事会，可落实把学校还给社会、还给家庭的办学理念，在吸引社会各方面全力关注、支持学校建设，并通过健全科学决策的保障机制和民主监督机制，增强学校办学的能力与活力，促进学校的有效管理和可持续发展等方面是有积极效果的。教育议事会还具有"三权"和"三功能"的特点：即知情权、参与权和部分决策权（转化为校务委员会的决定）；学校与外界系统沟通功能，学校与外界系统发生冲突时的仲裁功能，对学校根本发展方向、校风、学风、教风的建议、参谋、监督功能。因此，一方面学校可将发展计划与家长和社区居民共享，使他们明白并配合学校做好学生在家时的工作；另一方面，学校还可以合理利用家长中蕴涵的人力、物力、财力资源使学校能够更顺利进入社区，协调好与社区的合作。

4. 进行多方面的宣传工作，激发社区居民关心学校、支持学校的热情

学校要让社区居民懂得参与合作的意义，更多地了解和关注学校，形成积极参与教育的社会风气。可利用村民聚会以及学校的活动日等多方面进行宣传，其内容可涉及不同少数民族与汉族文化中古老的传说、历史、歌谣、舞蹈以及校内简讯等。目前，一些学校开家长会主要是由教师谈学生的成绩，这种只关注学业成绩而不关心学生品德、特长、潜质、倾向等方面的发展，几乎没给家长交流的机会的做法，对学生的全面发展是很不利的。从家长方面来说，需要增强主人翁责任感和对学校的认同感，改变以往被动配合的局面，家长可以尝试"校访"、主持家长会、参加学校活动日等活动，树立正确的家校合作观。对于家长如何参与家校合作，这里我们不妨借鉴美国学者的研究结果："家长以一个学习者和支持者的态度参与学校活动；对于有水平、有责任心、能够提供时间的家长可以作为学校活动的志愿服务者，可以考虑以适当的形式参与学校管理和决策等。"

5. 增设学校社区意见箱

这是一种集思广益的好办法。学校与社区合作是教师和居民共同的责任和义务。校方积极鼓励所有社区居民和学校教师提意见和建议。在收到意见和建议后可由管理意见箱的老师和家长共同商讨解决办法，如果不能解决可以组织居民和教师进行探讨，直到得到双方认可，以便更好地开展合作。

学校作为当地社区的文化中心，不仅要向学生传授科学文化知识和本地传统文化精髓，同时也要带动社区使之具有本土文化传承的良好氛围。如此传统文化才能深入民族成员心中，得到动态的传承。事实也证明了，在有学校努力的地区，传统文化能够得到有效传承和发展，而没有学校努力的地区，传统文化的传承将会更加渺茫。因此，学校与社区的合作，对完成社区成员传承传统文化的历史使命是不可或缺的。

成果公告

"两课"教学中的接受理论与实践研究

刘丽琼

(云南师范大学)

由云南师范大学刘丽琼主持的全国教育科学"十五"规划重点课题"'两课'教学中的接受理论与实践研究",通过分析大学生对思想政治理论课教学的接受特点和接受方式,探究高校思想政治理论课教学的接受过程及其基本矛盾,深入研究思想政治理论课教学改革和创新问题,并提出了改进的意见建议。

一、研究的主要内容与基本方法

1. 研究的主要内容

该课题研究的主要内容包括理论研究和实践研究两方面,所谓理论研究主要是对思想政治理论课教学中的接受活动及其各个要素作出理论上的解释和概括,而实践研究则是指在实践操作层面上研究如何改进思想政治理论课教学,以提升学生的接受效果。当然这两方面在研究过程中是相互促进的。该课题主要是从三个大的方面进行研究:(1)对基本理论问题的研究。首先分析思想政治理论课教育教学的接受的内涵和具体要素。然后从动态上具体分析思想政治理论课教学的接受机制和接受过程,探究了思想政治理论课教学接受过程中的基本矛盾和具体矛盾,初步把握了思想政治理论课教育教学的接受规律和接受特点。接着进一步分析了接受客体的可接受性要素和接受主体的接受动力,从而初步构建了思想政治理论课教育教学的接受理论。(2)接受状况调查分析与总体反思。通过问卷调查和对多年教学经验总结,初步把握了大学生对思想政治理论课教育教学的接受状况,并在此基础上提出建设性的改革对策。又根据多年来的教学实践,以科学发展观为指导,从总体上对思想政治理论课教育教学作了总体反思,对存在的主要问题、面临的新任务以及教学改革创新等问题作了宏观的审视和反思。(3)对教学改革和教学创新的研究。主要围绕着影响接受效果的几个重要因素展开。从传授主体的角度,分析了提高教师素质对保障接受效果的重要意义;从接受客体可接受性的角度,分析了教学内容的整合和创新问题;从接受媒介的角度,分析教学方法的改革创新问题,重点从营造审美氛围、挖掘本地资源、组织参观考察等角度提出了一系列新的教学改革措施。

2. 研究的主要方法及其特点

该课题的整个研究过程中,坚持用马克思主义的历史观和方法论来指导该课题的研究。在具体的研究过程中,以教育学、心理学和思想政治教育学的基本原理为理论基础,综合应用系统方法、数据统计方法以及比较分析等方法,从理论和实践两个层面展开滚动研究。在具体的研究方法上,注意"四个结合"。(1)理论研究与实践研究相结合。在理论研究方面,深入研究高校思想政治理论课教学的接受内涵和基本要素;分析大学生对思想政治理论课教学的接受特点和接受方式;探究高校思想政治理论课教学的接受过程及其基本矛盾;分析接受主体的接受动力;分析接受客体的可接受性。在实践研究层面,以接受理论为指导,对思想政治理论课教学接受状况的调查研究,围绕如何提升学生的接受效果,对思想政治理论课教学改革和创新问题进行深入研究,提出了一系列关于教学改革和创新的新观点和新举措。（2）教学研究与专业研究相结合。教学研究主要是指教育教学方面的科学研究，专业研究主要是指专业或学科方面的科学研究。该课题的研究体现了这"两个研究"的有机结合。一方面，该课题是研究思想政治理论课教学的接受问题，是属于教育研究的范畴。另一方面，研究思想政治理论课教学的接受问题，不能回避的首要问题是接受什么，为什么要接受，这就要求研究者要不断加强对马克思主义理论以及中国化马克思主义的深入研究。（3）研究主体与研究客体相结合。一方面，研究者是把思想政治理论课教学的接受问题作为研究对象和研究客体来深入研究的，具体表现为研究主体对接受过程的各个方面和各个要素的深入研究。另一方面，作为思想政治理论课教师，本身也是研究客体。教师的理论素养、教学方法、人格魅力等始终是影响学生接受效果的重要因素。（4）宏观研究与微观研究相结合。该课题研究过程中，既有宏观上的研究和思考，也有微观上的深入和细化。一方面，从培养社会主义国家合格建设者和可靠接班人的高度，从思想政治理论课教学改革的高度来研究思想政治理论课教学的接受问题，在理论上的探索和思考具有普遍性，研究的思路也显得宏阔开放。另一方面，在该课题的研究过程中，对一些具体问题又有着非常细化的研究和探索。特别是在教学改革中进行的专题研究更是如此。宏观研究与微观研究相结合，使我们的研究具有多个角度和多种途径，研究的进程显得丰富和充实。

二、研究的基本观点和主要结论

1. 思想政治理论课教学的接受是一个链条式的反应过程

思想政治理论课教学中的接受是指受教育者即大学生在思想政治理论课教育教学活动中对教师利用各种媒介或载体所传递的各种信息的反映、理解、选择、整合并内化为自己的思想、信念的过程与自觉地进行外化践行的过程的统一。具体来讲，就是大学生接受马克思列宁主义、毛泽东思想、中国特色社会主义理论体系以及党的路线、方针和政策，认同社会主义法律和社会主义道德规范并外化践行的过程。一般来说，思想政治理论课教学过程中的接受应该是一个求善、求真、求美、求智的过程，是一个积极能动的反映过程和行为不断完善的过程，是一个链条式的动态反应过程。这个过程主要包括准备过程、传授过程、反应过程、理解过程、选择过程、整合过程、内化过程、外化过程等阶段。接受过程的许多环节是可以进行调节、强化、优化的，这就为当前思想政治理论课教学改革和建设提供了较大的空间。

2. 思想政治理论课教学的接受过程是一个充满矛盾的过程

思想政治理论课教学的接受活动是接受系统各要素相互作用产生的矛盾运动的过程。传授主体、接受主体、接受客体、接受中介、接受环境是构成思想政治理论课教学接受系统的几个要素。思想政治理论课教学接受活动的基本矛盾是接受主体个人需要与社会思想品德要求之间的矛盾。这个基本矛盾，又具体体现为一系列的具体矛盾：传授主体和接受主体之间的矛盾、接受主体与接受客体的矛盾、接受主体与外部环境的矛盾、接受主体与接受中介的矛盾、接受主体自身的矛盾，等等。思想政治理论课教学的接受矛盾启示我们，在思想政治理论课教学中必须正确处理好几个关系：思想政治理论课教学的社会维度和个性维度的关系，思想政治理论课教学的政治性与接受主体的主体性的关系，思想政治理论课教学的统一性和多样性的关系，思想政治理论课教学的一元化与多元化的关系。

3. 大学生的需要意识是其接受的内在驱动力

作为思想政治理论课教学接受主体的大学生，他们的内在接受动力很大程度上来源于下面六个方面的需要：物质利益、获得新知、求证释疑、政治参与、品德优化、潜能释放等，这些需要反映了他们对思想政治理论课教育教学的期望值。这些需要唤醒了接受主体的接受注意，激发了接受主体的求知欲望，支配着接受主体对思想信息客体的选择，影响着接受主体的接受兴趣，制约着接受主体的接受记忆，催生着接受主体的接受转化等。当然，由于接受主体的需要具有客观性、多样性、可变性和矛盾性，这种"需要驱动"在接受过程发挥作用的机理肯定是非常复杂的。但需要驱动的理论清楚地表明，作为接受主体大学生的内在需要和由此而产生的内在动机是思想政治理论课教学接受活动的内在的、强大的决定力量。

4. 大学生的价值观对其接受活动有导向作用

价值观是一种有层次的系统，也可以叫做价

值系统。大学生价值观系统主要包括下面几个方面的内容：政治价值观、人生价值观、道德价值观、学习价值观、金钱价值观、爱情价值观等方面。总的来说，当代大学生的价值取向是积极、健康、向上的，其走势同社会发展进步的步伐是协调一致的。这就为我们的思想政治理论课教育教学的顺利进行提供了宝贵机遇，也为思想政治理论课教学的接受活动创造了前提。价值观对接受的引导作用体现在：从价值观的评价功能来看，它规定了接受标准；从价值观的定向功能看，它规定了接受的方向；从价值观的调整功能看，它保持了接受活动的张力；从价值观的行动功能看，它促使接受主体主动外化践行。

5. 马克思主义理论具有天然的可接受性

马克思主义理论的可接受性，是指马克思主义理论作为一种接受客体能够为接受主体所接受的积极特性和状态。这是思想政治理论课教学接受活动的必然要求和前提条件，也是思想政治理论课教学有效性的基础。马克思主义理论的可接受性，就在于它自身的科学性、创新性、先进性、精神性的有机统一。马克思主义理论的科学性，就是指马克思主义理论所反映的内容具有真理性、合规律性，在于这些理论能够科学地解释事物运动变化发展的规律。马克思主义理论的创新性，在于马克思主义理论的与时俱进特性；马克思主义理论的先进性，主要是指马克思主义理论鲜明的政治立场和崇高的社会理想；马克思主义理论的精神性，首先是指马克思主义理论是人类宝贵的精神财富，同时还特别地表现在蕴涵在马克思主义科学理论背后的马克思主义理论创立者的伟大精神和崇高风范。马克思主义理论的这些品质和特征，最终会形成"桃李不言，下自成蹊"的效果。

6. 中国化马克思主义具有特殊的审美特性

毛泽东思想、邓小平理论和"三个代表"重要思想以及科学发展观等重大战略思想是中国化的马克思主义的具体内容，它代表着中国最广大人民在不同历史时期的意志和愿望，是中华民族优秀文化的结晶，是凝聚党心民心的强大精神力量，是一定历史条件下中华民族智慧的最高表现和理论上的最高概括。它内容广博，思想深邃，坚持真理，立论崇高，思维活跃，眼界开阔，实事求是，富于创新。它特殊的审美特性表现为：内容广博，思想深邃的雄壮美；实事求是，求真务实的科学美；人民至上，以民为本的崇高美；与时俱进，勇于开拓的创新美；语言精练，言简意赅的文风美等。这些审美特性是其可接受性的基础。

7. 科学发展观具有丰富的育人价值

科学发展观既是一种发展理论，又是一种执政理念；既是一种指导方针，又是一种发展战略；既体现为一种科学精神，又蕴涵着伟大的人文精神。科学发展观的育人价值表现在：科学发展观的理论内涵和精神实质，有利于培养和提升大学生的理论素养；科学发展观的人文精神，有利于培养和提高大学生的人文素养；科学发展观的科学精神，有利于培养和提高大学生的科学素养；科学发展观所体现的执政理念，有利于培养和提高大学生的政治素养；科学发展观的特殊审美要素，有利于培养和提升大学生的审美素养。

8. 不同发展阶段上思想政治理论课教师的素质要求

我们认为思想政治理论课教师的素质包括基础性素质、发展性素质和成熟性素质。思想政治理论课教师的基础性素质，是指某人进入思想政治理论课教师队伍必须具备的基本素质。主要表现在：对马克思主义的坚定信仰；对思想政治理论课教学工作的由衷热爱；对发展自己事业的勤勉谦虚。思想政治理论课教师的发展性素质，是指支撑教师进一步发展的素质。这些素质包括：深入学习研究马克思主义理论的执着精神；博采多学科精华完善自己知识结构的强烈愿望；在思想政治理论课教学实践中开拓创新的积极动机。思想政治理论课教师的成熟性素质，是思想政治理论课教师发展过程中成熟阶段的素质状态或要求。这些素质主要包括：学识渊博道德高尚的学习楷模；思想政治理论课教学的艺术大家；学科研究独树一帜的领军人物。从动态上来考察教师的素质，有助于思想政治理论课教师能够找到自己素质发展的基点。

9. 营造审美氛围是提升接受效果的重要途径

成功的思想政治理论课教学应该是具有审美特性的。毛泽东思想、邓小平理论、"三个代表"重要思想以及科学发展观等重大战略思想，是中国化的马克思主义，是中国人民宝贵的精神财富，它渗透着中国共产党人坚定的信念和爱国的情怀；凝聚着中国共产党人艰苦奋斗、不屈不挠、开拓创新的精神；展示着中国共产党解决中国实际问题的智慧才能和崇高的道德风貌。作为教师，在教学活动中，要从揭示美的教学内容，选择美的教学手段，运用美的教学语言，展示美的教师风范等方面，努力营造审美氛围，引导学生在感受美的过程中来提升接受效果，让学生在愉悦、欢欣、自豪的美感体验中树立科学的世界观、价值观、人生观。

基于大学科技创新资源的企业孵化器网络系统结构与作用机制研究

张永安

（北京工业大学）

由北京工业大学经济与管理学院张永安主持的全国教育科学"十五"规划教育部重点课题"基于大学科技创新资源的企业孵化器网络系统结构与作用机制研究"，综合运用企业管理和技术经济学的相关理论和方法，在分析了高校孵化器资源配置方式和社会支持网络的基础上，构建了高校孵化器网络化的组织结构，分析了高效孵化器网络化的运作机制，并针对我国高校企业孵化器的发展状况提出了管理体制变革、投资多元化、人事制度改革、统一优惠政策等对策建议。

一、研究内容与方法

（一）研究的基本内容

1. 收集、比较、归纳、总结国内外关于企业孵化器的最新成果，进一步分析现行高校企业孵化器运行形式的优势与缺陷。

2. 按照理论渗透方法构建高校企业孵化器网络化结构模型。

3. 采用规范分析的方法获取高校企业孵化器网络化动因。

4. 通过冲突分析理论来研究网络组织体系，以此为基础研究企业孵化器网络化模式的运作机理。

5. 采用理论移植方法设计了高校企业孵化器网络化虚拟模型。

6. 运用层次分析法获取孵化器运行绩效评价指标。

（二）研究方法

1. 规范分析法（Normative analysis），与实证分析方法相对，涉及已有的事物现象，对事物运行状态作出是非曲直的主观价值判断，力求回答"事物的本质应该是什么"。

2. 冲突分析方法，是一种着眼于解决现实社会争端的一种特别的决策分析理论，属于一般博弈理论的一个分支。冲突是一种对立状态，它产生于系统中各方所追求目标的对立性。将冲突视为一类独立的问题，加以系统地研究。

3. 社会网络分析方法，是对社会网络的关系结构及其属性加以分析的一套规范和方法，主要用来分析不同社会单位（个体、群体或社会）所构成的社会关系的结构及其属性。社会网络分析不仅是对关系或结构加以分析的一套技术，还是一种理论方法——结构分析思想。学者使用该方法来探究社会网络的深层结构，即隐藏在复杂的社会系统表面之下的一定的网络模式。

4. 层次分析法（AHP）：是将总是与决策有关的元素分解成目标、准则、方案等层次，在此基础之上进行定性和定量分析的决策方法。该方法是基于应用网络系统理论和多目标综合评价方法，提出的一种层次权重决策分析方法。

二、研究结论与对策

该课题综合运用企业管理和技术经济学的相关理论和方法，在分析了高校孵化器资源配置方式和社会支持网络的基础上，构建了高校孵化器网络化的组织结构，并分析了高校孵化器网络化的运作机制。

（一）研究结论

1. 高校企业孵化的实质是高校面向孵化企业进行资源配置，高校企业孵化器所提供的资源分为一般性资源和关键性资源。提供一般性资源仅是高校企业孵化器发挥孵化功能的开始，关键性资源的供给才是高校企业孵化器的核心任务。

2. 高校企业孵化器、新创企业及其他社会组织和机构形成的网络关系是高校孵化器网络组织发展的雏形。这种形式有利于高校孵化器、孵化企业和其他社会组织和机构的发展，应该注重高校孵化器网络化的发展。

3. 基于互联网技术的信息网络的发展与系统网络化的发展的规律，为高校孵化器与社会中介机构合作以获取关键性资源的联盟型网络组织的构成提供了技术上的支持。

4. 按照高校孵化器为在孵企业配置资源的特点结合网络组织理论，建立了由高校孵化器与其他孵化器、研究机构、政府部门以及社会中介服务组织组成的网络化组织的框架，分为横向结构和纵向结构。纵向结构是高校孵化器网络化发展的进一步延伸。网络化的组织结构有助于其内部成员资源共享、分担风险、实现规模经济。

5. 影响高校孵化器网络化运作机制形成的要素包括个人以及相互间的社会关系机制、高校孵化器的构造以及和社会环境相关的机制。孵化器管理体制的变革、投资主体的多元化发展、人事制度的深化以及优惠政策的统一是有助于孵化器网络化组织正常运作的发展对策。

6. 高校孵化器网络组织的绩效可定义为：不同市场主体在网络化协作的框架之中，相互依赖，相互补充，资源共享，风险共担，通过一系列协同互动的交互作用所增加和创造的价值总和。运用模糊综合评价法对网络的成员在财务运营指标、市场竞争能力、学习创新能力、组织协调能力、随机应变能力、整合协同能力指标上进行网络组织的一般能力评价。

（二）研究对策

1. 通过管理体制的变革来促进高校企业孵化器网络化模式的发展

高校企业孵化器作为市场经济中的一个主体，要获得生存就必须主动参与激烈的市场竞争。为了在竞争中站稳脚跟并取得胜利，高校企业孵化器就不得不挖掘新的发展思路，采取更加高效、灵活的经营方式，以便强化自身的竞争实力、提高办事效率来应对市场中瞬息万变的情况。高校企业孵化器有了寻求实现更高层次的经营管理方式的内在需求，而网络化的孵化模式正是解决高校企业孵化器这种新的发展需求的有效途径。与其他孵化器及投融资机构、科研院所、大型企业、中介服务机构等多种社会机构组成网络联盟，高校企业孵化器能够与网络中的各个主体实现优势互补，以迅捷的方式和最低的成本从广泛的渠道获取大量有效的信息和各种稀缺的资源，从而拓展高校企业孵化器的服务功能，提升它的市场竞争力。

对高校企业孵化器的管理体制加以变革，使高校企业孵化器自主经营、自负盈亏，是推动高校企业孵化器网络化进程的首要环节，这可以令处于网络核心地位的高校企业孵化器们更具灵活性和创造性，那么以此核心成功构建的高校企业孵化器网络才能具备灵活、高效和市场化的特性。高校企业孵化器市场化之后它在分配制度和激励机制方面也将拥有更多的自主权。因此，可以建立一套更具公平活力的分配制度和激励机制，例如，对高校孵化器的所有服务人员根据他们的业绩和贡献予以相应的股权、期权作为奖励。这样不仅可以产生广泛的激励作用，而且把管理者和普通员工的切身利益与孵化器的长远利益紧密结合起来，能够充分发挥他们的主动性和创造性，积极开展有利于孵化器长远发展的经营活动。而高校孵化器的网络化发展显然是实现其可持续发展的一种有效途径，孵化器管理者和普通员工都会为孵化器网络的构建各尽其所能，从而最终促成区域孵化器网络的建立。

2. 投资多元化是构建网络化孵化模式的一种有效途径

高校企业孵化器原有的投资体制引起的投资主体和产权结构单一的问题已经对区域孵化器网络的形成构成了阻碍。高校企业孵化器应尽快建立新的投资体制，鼓励投融资机构、科研院所、企业、中介服务机构等多元主体对孵化器进行投资入股和孵化器之间的相互投资，共同参与孵化器的经营管理，实现孵化器投资主体的多元化和产权的分散。凭借着以控股权和产权构成的纽带，高校企业孵化器、孵化器群体与外界社会机构形成一种难以割舍的强烈联系。此外，高校企业孵化器、其他投资主体和被孵企业三方有着各自明确的责、权、利关系，各方的积极性能够充分地调动起来，因而这不失为一种有效的途径以帮助高校企业孵化器与其他社会机构组成高效、紧密的区域特殊孵化器网络。多元化又能在各个控股主体之间形成制衡和监督机制，使得整个决策过程更具科学性，更符合市场经济的规律，从而保证了网络化孵化模式中高校企业孵化器的网络有效性和市场性。

3. 深化人事制度改革是网络化孵化模式发展的关键战略

人是当今社会化大生产中最重要、最直接并起决定作用的因素,尤其在当今社会的信息化、知识化进程中表现的特别明显。以风险投资家的眼光,创业团队的素质是决定是否投资的首要考虑的问题。同样,网络化孵化模式中的网络结构是否合理、功能能否充分发挥,作为构建该网络主导力量的高校企业孵化器经营者起着关键的决定作用。因此,高校企业孵化器必须打破行政单位的用人机制,建立灵活的人事制度,让优秀的专业管理人才成为高校企业孵化器的经营者。高校企业孵化器可广泛推行聘用制,并配以有效的分配激励机制和社会保障机制,按照公开、平等、竞争、择优的原则向社会招聘优秀人才,吸引人才市场中一流的职业经理人成为高校企业孵化器的经营管理者。这些高素质的专业人才凭着他们丰富的经验、全面的知识和广阔的交际面,能够很好地承担起营造区域高校企业孵化器网络的重任,并在一定程度上保证了网络的可靠和有效。

4. 统一优惠政策有利于改进网络组织内各种企业孵化器之间的竞争和合作

各种孵化器凭借各自优惠政策上的优势吸引创业者入住,忽视了孵化器的提升和品牌的塑造,只会导致孵化器之间的过度竞争,妨碍了彼此的有效合作,使孵化器之间的网络化困难重重。地方政府特别是科技园管理部门应重新制定明确统一的适应该地区企业孵化器发展需要的税收制度和优惠政策,促使孵化器的经营者摆脱对优惠政策的过度依赖,集中精力完善孵化器的服务功能,不断提升经营管理水平。此时区域内的孵化器才能在服务和管理水平上开展良性竞争,而孵化器为了增强自身的实力需要向其他服务完善、经营成功的孵化器及时学习和交流经验。在相互日益频繁的交流与合作中,孵化器之间优势得以互补、孵化资源得以共享、功能得以拓展,在互惠的交流中它们的联系将更为紧密,区域内孵化器之间的网络关系也就水到渠成。

此外,高校企业孵化器还应进行一些非正式的制度创新,例如,重视信用建设和社团网络意识的培养。区域孵化器网络是在各个主体相互信任的基础上得以建立的。也只有在保持高度信任的状况下才能充分保证网络中各项功能的有效发挥。因此,高校企业孵化器在经营过程中应建立良好的市场信誉并规范各项财务制度和审计制度,出色的信用表现可以在培育区域孵化器网络时较快地取得相互信任,节省网络构建的时间成本。社团网络意识是指把和企业孵化有关的各种主体联系在一起,实现孵化功能和优势互补。在浓厚的社团网络意识氛围下,区域孵化器网络的形成将变得更加顺畅。

环渤海高等教育"四位一体"合作模式研究

赵 宏

(天津工业大学)

由天津工业大学赵宏主持的全国教育科学"十一五"教育部重点课题"环渤海高等教育'四位一体'合作模式研究",通过对环渤海高等教育发展现状、非均衡性差异、合作模式等方面进行分析探讨,提出了构建包括高等院校、科研院所、政府和企业的环渤海地区多元教育合作主体结构的意见与建议。

一、内容与方法

(一)研究内容

教育作为提高全民素质的有效手段,在国民经济尤其在区域经济发展中发挥着越来越重要的作用。高等教育合作模式是良性互动发展的一种主要模式。随着区域合作的不断发展,高等教育合作需要突破以往的单一地区发展模式,在跨区域范围内形成教育资源合理配置,从而在整个大区域内形成以合作教育为中心的人才培养型合作模式、以提高技术创新能力为宗旨的研究开发型合作模式、以开发高附加值产品为目的的生产经营型合作模式、以产、学、研紧密结合为特征的立体综合型合作模式等"四位一体"区域高等教育合作发展模式。该课题将研究范围界定在环渤海大区域中，通过剖析环渤海地区高等教育发展现状，借鉴国内外相关研究成果，提出了环渤海高等教育合作发展的新模式。

（二）研究方法

立足于理论研究与实证分析相结合的原则，课题采取系统研究与重点研究相结合的研究方式，综合借鉴区域经济学、管理学、教育学等相关领域最新研究成果和理论方法，采用系统分析、情景分析、数学建模、比较、参与实地考察等管理科学、自然科学的研究方法，深入研究环渤海高等教育发展现状、非均衡性差异、合作模式等关键问题。具体研究方法如下：

1. 运用系统分析方法科学梳理影响区域高等教育均衡发展的各种因素，并综合利用模糊聚类、灰色系统关联等方法对收集到的数据进行分析。

2. 运用情景分析方法对环渤海高等教育合作发展的潜力进行分析，最直观地呈现和诠释区域高等教育的发展趋势。

3. 运用带有"偏好锥"的 C2WH 模型，对环渤海高等教育合作结构效益进行评价，分析各地区高等教育合作资源配置投入产出结构的薄弱环节。

4. 运用 DEA 评价方法从合作效率、合作质量效益、合作规模收益、合作结构效益四方面构建环渤海高等教育合作模式评价模型。

5. 在注重建立研究理论体系的同时，注意将理论与实践相结合，在用理论研究和解决实际问题的同时，注意用实际调研资料检验、修正和完善提出的理论体系。

二、结论与对策

（一）环渤海高等教育合作主体系统

鉴于环渤海高等教育发展的特点，我们构建了包括高等院校、科研院所、政府和企业的环渤海地区多元教育合作主体结构。环渤海高等教育合作主体系统的运行机制应当是以政府为引导，以高校为主体，以科研院所和企业为支撑，能够推进技术、经济和社会协调发展的一体化的立体调控机制，包括宏观、中观和微观三个层次。

1. 宏观层面——政府引导

在世界高等教育发展过程中，政府一直扮演着重要的角色。伴随生产力的发展，知识经济时代的来临，高等教育已经从社会的边缘走向社会的中心，高等教育与社会发展的关系日益紧密，成为经济、社会、文化、科技发展的动力源泉，以至于它们越来越多地受到政府的直接与间接控制，政府在高等教育发展中的地位和作用在发生变化的同时也日趋重要。在高等教育与区域良性互动关系的形成中，政府同样扮演着重要的角色，发挥着重要作用。

随着社会发展，高等教育的使命与职能已经有了新的内涵和变化，从传统的培养人才以及其后的以教学和科研为中心，转向兼具教学、科研和社会服务功能的三位一体。但是，与此同时，大学一直具有与社会保持一定距离以维持其学术研究和教学自由的历史传统，大学的功能在于从事所能达到的最高质量的教学和研究，参与社会经济活动或者强调社会服务常常被认为是放弃了学术自由和学术标准的象征。这种传统观念在高等教育领域已经形成一种强大的势力，在一定程度上阻碍着大学社会服务职能的发挥，单纯依靠大学的力量很难突破。因此，在高等教育与区域良性互动中，政府应从宏观层面上给予引导，提供推动的力量，帮助大学走出"象牙塔"。

为此，环渤海各省市政府需要转变观念，充分重视高等教育在社会整体发展以及区域经济、政治、文化、科技发展中的重要地位和作用，促进高等教育直接服务区域社会职能的发挥，为高等教育与区域、跨区域的互动、合作提供政策、制度、技术等方面的支持，为高等教育与区域的良性互动提供良好的环境。

2. 中观层面——纵横推进

高等教育合作主体系统的运行机制能否顺利运行并充分发挥作用，很大程度上取决于中观层次上的两支重要力量——企业与科研院所，因此，在环渤海区域高等教育合作的过程中，要不断完善相应的合作机制，吸引更多的企业和科研院所进入合作体系，充分发挥他们的主体作用，促进教育合作活动的发展。科研院所可以发挥其技术上的优势，克服其资金上的瓶颈，与企业进行联合，这样既可解决经费问题，又可以解决企业技术创新能力较弱的不足。

3. 微观层面——激活主体

高等教育合作体系运行机制的建设必须以高校的教育活动为运行的基本单元。因此，要建立起正常运转的有利于经济、社会协调发展的运行机制，必须首先激活高校这个教育合作的核心主体。借鉴教育部教育发展研究中心主任张力研究员的观点，环渤海地区高校发展的基点应该是教育分化、大学分化、学科分化，由此决定了创新分化；高校在发展过程中应以学科为本位，以应用为本位，以城市化生产生活方式为中心。因此，高校的发展理念必须革新：配置劳动力（人力资源）从计划机制到市场机制，教育管理从政府直办到宏观调控，公共服务提供方式从单一渠道到多样化的学习平台。区域高校的发展定位应该是以就业为导向，以服务求支持，以贡献求生存，以特色求发展，充分激活高校这个主体，广泛开展合作教育。

（二）环渤海高等教育合作的原则

构建环渤海地区高等教育合作模式的目的是实现区域内高等教育人力资源效用的最大化，以促进区域经济社会的全面协调发展。为保证这一目标的实现，必须遵循一定的原则。

1. 以人为本原则

环渤海区域高等教育合作一定要服务于实现环渤海区域经济与社会的和谐发展，因此，必须坚持以"人"为中心，尊重人的不同个性与差异，寻求"人"与"工作"相互适应的契合点，将人的发展与其所服务的组织发展有机地联系起来。以人为本原则是区域高等教育合作的基础，要求充分尊重教职员工的个人尊严、自我价值和个人需要；充分尊重教师的教学、科研工作以及个人的生活需求；对人才的任用不拘一格，宽容多样性；多了解和听取教师的意见，和教师分享学校的重要信息等。

2. 整体规划原则

长期以来，环渤海各高校基本上都只从自身发展的角度考虑问题，导致了区域高等教育资源低效率配置的现象十分普遍，院校间资源要素流动也严重受阻。构建环渤海区域高等教育合作模式应建立在整个区域宏观规划的基础之上，按照整体规划的原则来进行。依据环渤海区域高校的战略发展规划，在科学分析和预测区域高校未来发展对高等教育资源需求的条件下，有计划地逐步调整教职员工的分布状况，为环渤海区域高校教职员工制定好引进计划、晋升计划、培训计划和工资计划等。

3. 优势互补原则

优势互补原则历来是合作的基本原则之一。由于环渤海合作区域内各合作主体自身的发展现状不同，其水平不可能整齐划一，如果能更好地发挥其优势部分（如学科、专业、科研项目等优势），而其劣势部分则由其他具有该部分优势的主体来互补，则环渤海区域内各合作主体之间的互动发展将会更好。

4. 资源共享原则

从某种意义上讲，我国教育上最大最基本的国情是，在用有限的资源举办着全世界最大的教育，开发全世界规模最大的人力资源。所以资源共享原则是我们对环渤海区域高等教育合作的制度创新研究现实情况的理性选择。实现高校资源共享、建立人才流动绿色通道是提高环渤海区域高等教育合作效益的有效途径。

5. 互惠互利原则

互惠互利原则既是国际经济技术合作中的重要原则，也是国家间经济技术交流与合作的重要原则。同样，环渤海区域合作机制中各合作主体的凝聚力的提高也离不开互惠互利。各合作主体在区域合作机制内应本着互惠互利的精神，努力探求各方的共同利益，寻求利益交汇点，增进往来，加强交流。

6. 动态适应原则

伴随着时间的推移，环渤海合作区域内各合作主体的资源状况、组织结构、外部环境等也会发生变化，环渤海区域合作的规划管理部门要适时予以调整，以适应各种变化。

（三）环渤海高等教育合作的模式

借鉴国外高等教育的成功合作经验，根据环渤海地区高等教育发展的特点，本文构建了"四位一体"的合作模式，即以高校间合作交流为主的人才培养型合作模式、以高校和科研院所合作为主的研究开发型合作模式、以高校和企业合作为主的生产经营型合作模式、以多主体参与为特征的立体综合型合作模式，在环渤海大区域内实现教育资源共享、优势互补和共同发展。

（四）环渤海高等教育合作互动机制的构建

1. 动力机制

（1）推动环渤海高等教育合作的发展，需要高等院校与企业、政府三方转变观念，对各自承担的角色进行明确定位，明确三者之间的利益关系，确定正确的角色定位。

(2) 如其他各项工作一样，环渤海高等教育合作持续、健康发展需要建立一套科学合理的评价机制。各合作主体都想要也应该了解这项工作的全面情况，需要对其进行综合检验与评估。而环渤海高等教育合作的内涵与外延极其复杂，有"软"的指标，包括培养人才的质量、管理的科学化程度等；也有"硬"的指标，如培养人才的数量、效益、成本等。只有通过有效的评价机制，才能够检验环渤海高等教育合作形式的正确与否、效率快慢、效果好坏、效益高低及成熟度等。建立评价机制，包括政府与高等院校两个方面。政府应建立对高等教育合作的评估体系，促进工作的规范开展；高等院校也应制定具体评价指标，将之纳入到学校教学质量保障体系中，以不断检验、改进高等教育合作模式。

2. 协调机制

环渤海地区高等教育合作的基础是高等教育发展规划与区域发展战略的结合。首先要对高等教育和环渤海区域经济发展进行规划，制定一个全局的、长期的改革与发展计划，实现高等教育主体间的协调发展。因此，在制定高等教育合作发展战略时，必须考虑政治环境、经济水平、科技革新、文化传统与社会心理，以及人口变化等多种因素的影响，以保证高等教育互动的科学性、可行性和实效性。

在环渤海地区高等教育合作过程中，应当建立相关组织和协调机构，如在政府、企业以及高校等机构应设立多个层面的互动合作研究小组、互动合作领导组织、互动合作专家咨询与顾问小组等。同时制定区域高等教育合作章程对明确环渤海地区各省高等教育发展目标、规范教育科研活动也具有重要意义。

3. 整合机制

宏观层面注重区域内的教育资源整合。环渤海地区高等教育的区域布局结构，与区域经济结构有重要的相关性，区域经济结构的调整使区域发展与高等教育发展有在一定地理空间中和客观条件下结合的可能性，而且还有可能将高等教育发展变成提升地区经济升级换代的动力之一。环渤海地区高等教育布局应从以下几个方面展开：第一，从高等学校的类型结构及区域经济发展趋势角度布局。第二，从高等学校的科类结构与区域经济产业结构角度布局。第三，从高等教育的层次结构和人才需求角度布局。

微观层面注重不同主体间的资源整合。一是加强环渤海地区的区域性课程与学科建设；二是加强环渤海地区高校产学研的合作。

4. 激励机制

政府要着眼于更好地履行公共职能，按照"明确责任、各级共担、加大投入、逐年增长、提高保障"的基本原则，逐步将环渤海地区高校合作纳入公共财政保障范围，设立国家、省、市三级环渤海地区高校合作专项资金，建立中央和地方分项目、按比例分担的环渤海地区高校合作经费保障机制，完善环渤海地区高校合作公共财政投入长效保障机制，推动合作健康稳步发展。

同时通过政策和舆论宣传导向，鼓励大企业、集团公司以及社会各界出资设立各类基金，用于资助环渤海地区高校特别是产学研合作。积极引导社会各界精英设立环渤海地区高校产学研合作奖励资金和资助资金。引导环渤海地区高校产学研合作各方积极探索形式多样的新的合作模式，使合作各方投入的回报率实现最大化，以吸引更多的资金。

借鉴德、日、英等国在教育合作方面的税收优惠政策，充分考虑企业、科研单位的经济利益，调动他们参与环渤海地区高校产学研合作的积极性，结合实际情况，制定环渤海地区高校产学研合作企业税收优惠政策，对承担环渤海地区高校产学研合作任务的企业和科研单位，可根据接受学生的数量和消耗材料的费用，享受一定的减免税额或其他优惠政策。对于在环渤海地区高校产学研合作教育方面业绩显著的单位进行表彰，并在政府产学研专项资金的投入上给予适当的倾斜。

(五) 环渤海高等教育合作互动的保障措施

1. 政策保障体系

环渤海地区各省市可以借鉴珠三角和长三角的高等教育合作经验，通过充分的政策支持为实施高等教育合作提供战略保障。具体的政策措施有：

一是互通，建立信息及时交流互通的平台，建立区域教育信息网络互联互通与共建共享机制。消除由于信息沟通等不及时以及不沟通造成的人力物力资源浪费和人才资源等的重复建设。制定环渤海地区高等教育主管负责人甚至更高级别的定期会晤机制。

二是互认，环渤海地区关于高等教育方面的有关认可和评估应该被区域内各个行政区认可，并可以进一步简化认证和评估手续，出台区域统一资格，从而降低人才流动、教育、使用的成本。例如各种证书、认证。对于学分和学籍可以先从行政区域内部的互认开始，进而扩展到跨省市的互认。天津市的天津大学和南开大学的学分互认就是一个很好的开端。

三是互流，这是高等教育一体化的直接体现，是以上述两点为基础的。对于跨行政区划的实验室、图书馆等教学资源流动和共享应当在政策上进行鼓励，对于大型高价值设备应规定一定的共享率以增加其使用效率，对于使用共享资源的单位，政府应当给与鼓励并对其申请的资金给与倾斜。对于科研成果的流动，环渤海地区应当破除地域观念，出台政策法规允许并鼓励科研成果的跨行政区的产业化，以及相关的资本流动。高级人才的流动应当在人事等方面出台特殊政策，允许以跨地区项目合作、国内访问学者、互认职称等灵活的方式进行人才流动。对于高校学生招生、毕业文凭互认、跨地区无障碍就业、跨地区订单式培养等出台专门政策予以支持。

2. 资金支持体系

对于政府对高等教育的投资，由于我国的高等教育投资体制发生了相应的变化，从传统的单一由政府财政性拨款向以市场配置的方式转变；政府职能由办学主体转变为对高等教育实行宏观管理与调节者的角色，转变了以往政府包揽办学的格局，扩大了高校的办学自主权。因此，这都要求高校深化体制改革，确立多主体、多渠道、多层次、多类型的融资格局。政府的投资今后应当起到种子和引导的作用，尤其是在校级合作中，政府投资可以有效推动合作迈出第一步，等合作进入正轨，其他融资方式开始介入并基本满足合作运转需求之后再撤出。这样一来可以分担学校和合作前期风险，使更多的高校体验到合作的好处，调动起积极性；二来可以减轻政府对于教育投入的资金压力，使有限的资源用于更多的学校。

同时，作为产业，高等教育应面向市场融资。高等教育合作中高校与科研院所和企业的合作涉及大学科技园、研发与转化基地、孵化器等多种形式，其融资将主要以市场方式进行，融资形式可以根据不同情况采用银行融资、股票市场融资、产业融资、项目融资或项目贷款、债券融资等形式。

3. 服务保障体系

环渤海地区高等教育合作的服务保障体系的完善主要从两个方面入手。一是一般服务机构。环渤海地区的高等教育合作如果想要比较顺畅，则必须加强服务机构这一"润滑剂"的作用，集合高校、企业、政府与服务机构自身多方的力量使高等教育合作的服务更专业，更规范，更适合环渤海地区的区域特点。二是中介机构。环渤海地区的高等教育中介机构有高等教育评估中介组织、教育拨款中介组织、教育决策咨询中介组织、人力资源配置中介组织、后勤服务中介组织等。成熟的教育中介机构既可以代表大学向政府施加压力，影响政府的高等教育政策，同时，又可以担负执行政府政策的责任，帮助大学完成政府下达的任务，减少政府与大学之间的冲突。

4. 人才保证体系

对于区域人才资源的充分利用，要改革人事制度，开发人才资源，把"为我所用"作为根本目的。在高校的科研机构中推行固定岗位与流动岗位相结合的用人制度，学校对固定岗位实行制度化的总量控制，建立以竞争和流动为核心的动态人事管理机制，实行人才供求市场调节和人才服务社会化。高校科研开发机构或工程中心、大学科技园等，应实行企业用人制度和分配制度；对按非营利机构运行和管理的科研机构，要赋予充分的人事管理自主权，实现基地开放、资源共享、要素流动的基本目标。从而为环渤海地区培养并提供包含有各种层次的创新人才资源，并且这些人才在结构上有基础应用研究、应用研究、试验开发甚至产业化等多个层次。基础研究和大部分应用研究的任务应由联盟的核心成员高校来承担，由一些创新水平高、能力强的专家为主；而试验开发和产业化则可由高校中实行企业化的外围（非核心）高校的科研人员与外界企业的相关人员共同构成。通过这些人员的知识、才能共享，形成人才资源的相互利用，保证联盟的目标实现。

儿童入学准备状况的评定与促进研究

盖笑松

(东北师范大学)

由东北师范大学盖笑松主持的全国教育科学"十五"规划青年专项课题"儿童入学准备状况的评定与促进研究",将儿童入学置于丰富的生态环境之中,借鉴国外儿童入学准备的研究模式和工具,进行了系统的本土化研究,研制了"儿童入学准备综合测评工具",并对特殊群体儿童的入学准备,对城乡儿童在入学准备水平方面的差异进行了分析比较。对提高农村幼儿园和家庭的教养质量,保障农村儿童后继学习的顺利完成有一定的启示。

一、内容与方法

入学准备状况是指学龄前儿童为了能够从即将开始的正规学校教育中受益所需要具备的各种关键特征或基础条件。它包括五个重要发展领域:身体和运动发展、情绪与社会性发展、学习方式(包括主动性、责任感、坚持性等)、言语发展、认知发展与一般知识基础。儿童必须在上述各个领域达到一定的发展水平,才能保证未来学校生活的成功。

(一) 研究内容

1. 儿童入学准备的本土化研究

虽然国外研究已经提出了入学准备的基本内容,但由于文化差异,中国儿童的入学准备内容可能会有所不同。必须通过本土化的访谈和调查,了解哪些项目是中国儿童适应未来学校生活所必须具备的条件。

2. 发展儿童入学准备状态的评定工具

国内尚缺乏正式的入学准备评定工具,无法了解各年龄阶段幼儿的准备程度。该研究拟发展出一套简易筛选工具和一套详细诊断工具。前者是用于大规模快速筛选高风险儿童的评定表,后者是五种深入测查各方面发展问题的标准化测验,包括身体健康和运动发展、情绪和社会性发展、学习方式、言语发展,以及认知发展和一般知识。

3. 反映儿童入学准备的总体状况和薄弱领域

在较大样本中进行儿童入学准备的评定,了解入学准备程度不足儿童的总体比例,同时也了解问题较突出的主要领域,为未来的干预研究提供依据。

4. 探索提高儿童入学准备状态的有效手段

通过实践应用,多途径地探索改善儿童入学准备状态的措施,包括入学前干预措施和入学后补偿教育手段两方面。

(二) 研究方法

该课题的研究思路是首先通过访谈和调查了解儿童入学准备应包含哪些方面,然后采用心理测量学技术发展出儿童入学准备状态的评定工具,通过较大范围测查了解入学准备不足儿童的比例以及存在问题的主要领域,同时通过纵向研究探索入学准备测评对未来学校适应的预测作用,并通过教育实践探索干预措施。研究方法和技术路线主要包括现场访谈法、问卷调查法、心理测量法、数学分析方法和行动研究方法等。课题实施包括六个步骤,各阶段内容如下:

1. 资料准备

课题组完成了对 PSYCHINFO, Proquest, EBSCO, ELSEVIER 等主要数据库的检索,并开展了对 800 多篇论文摘要和 100 多篇核心文章的讨论,已经形成综述性论文在《心理科学进展》等杂志发表。

2. 中国儿童入学准备内容的访谈研究

通过对国内幼儿园教师和小学低年级教师的访谈,了解他们关于幼儿入学准备的观念,确定中国儿童入学准备应包含的内容。对三个省份的 76 名幼儿园大班教师和 65 名小学一年级教师进行了访谈,整理出 26 个方面的入学准备内容,有关结果在《心理发展与教育》杂志上发表。

3. 儿童入学准备状态评定手段的建设

建设科学有效的用于评定儿童入学准备状态的工具,包括简易核查表和一系列详细诊断工具。

开发出《入学准备核查表（教师版）》、《入学准备核查表（家长版）》、《入学准备系列测验之言语技能》、《入学准备系列测验之认知与一般知识》、《入学准备系列测验之情感与社会性》、《入学准备系列测验之学习方式》、《入学准备系列测验之动作技能》等测评工具，并在上述五领域诊断工具的基础上开发出一套入学准备综合测评工具 SRTB-CV。

4. 通过大范围测评了解儿童入学准备现状

通过测评了解两个问题：第一，在各个入学准备领域上，中国儿童哪些方面的问题比较突出？第二，不同群体儿童的入学准备状况有何特点？同时，我们还以这批数据作为未来追踪研究中的早期预测因素。对被试纵向追踪至小学低年级，并获得他们的学校适应结果之资料，用于评价早期入学准备状态对后期学校适应状况的预测作用。

5. 建设干预措施

开展家长辅导项目，并引领幼儿园教师和小学教师开展行动研究，寻找有效干预途径，降低入学准备不良儿童的发展风险。探索有效的入学前的提前干预和入学后补偿性教育服务方案。

二、结论与对策

（一）结论：中国儿童的入学准备现状与问题

根据围绕"入学准备"问题开展的数十项研究调查研究成果，发现中国儿童的入学准备存在三个方面的问题：第一，五领域间发展的不平衡。在某些发展领域上存在着过度准备（例如认知和一般知识、言语），而在另一些领域中准备程度非常薄弱（例如情绪和社会性、学习方式）。第二，城乡儿童间发展的不平衡。城乡儿童的入学准备水平差距严重，农村儿童在动作技能以外的所有领域上远远落后于城市儿童，使得农村儿童在学校生涯的起点上就处于不利地位，对后面的义务教育阶段提出了更大的挑战。第三，背景支持的缺乏。目前社会关注的焦点是儿童个体的准备，忽视了背景支持的准备。

1. 五领域间发展的不平衡

在入学准备的五大领域中，家庭教育和幼儿园教育都更多地关注认知和一般知识领域、言语领域的发展，较少关注情绪和社会性领域、学习方式领域的发展，导致了儿童个体内发展的不平衡。这种不平衡在城市儿童中体现得尤其明显。

一方面，由于家庭、幼儿园和社会都强调儿童的早期智能开发，在儿童的认知能力、知识掌握、书面言语发展方面存在着过度发展的现象。在认知能力方面，3～6岁儿童的思维发展特点是以具体形象思维为主，抽象逻辑思维初步萌芽。但是由于大量的加速教育，抽象逻辑思维有较明显的发展，而具体形象思维反而缺少充分的锻炼和发展。在知识掌握方面，很多儿童的知识量远远超越了入学前必要的水平。以数学知识为例，小学低年级数学教育的内容几乎完全被幼教阶段所完成，相当多的城市儿童在入学前已经掌握了百以内的加减法、甚至简单的乘除法。在书面言语方面，由于大中城市的幼儿园基本都有识字和阅读的课程，相当多的城市学前儿童识字量可以达到500～1000，为数不少的儿童已经具备了基本的文字阅读能力。几乎所有的幼儿园都有汉语拼音拼读和书写的教学，儿童在入学前已经完成了拼音的学习。而以上内容都是小学低年级知识教育的范围。教育者在儿童认知能力、知识掌握、书面言语方面所进行的早期开发当然是有益处的，然而这种竞赛式的过度开发占据了儿童大量的时间成本，使儿童在其他领域上的发展需求受到了压制。

另一方面，由于家长和幼儿园教育中缺乏科学全面的教育观念和意识，儿童在学习方式、情绪和社会性等领域的发展没有受到足够的重视。在学习方式方面，儿童由于在教育者的强制下过早、过多地学习了大量知识，对学习形成了消极的态度，与生俱来的求知欲望受到了扼杀。另外，由于小学低年级的学习内容几乎在幼儿园阶段都已学完，儿童上学后对教师的教学不再有兴趣，课堂上容易形成分心走神、摆弄东西等不良习惯。在情绪和社会性方面，由于缺乏足够的游戏时间和同伴群体活动时间，他们的生活技能和社会技能没有得到充分的发展和锻炼，表现出下列种种问题：缺乏基本的生活自理技能，由于过分的自我中心而难以和同伴相处，缺乏独立解决问题的信心和经验，等等。此外，有些家长由于过分注重孩子认知和言语领域的发展，忽视了孩子动作技能领域的锻炼。一些孩子由于大量时间用于阅读等活动，动作技能发展十分薄弱。

2. 城乡儿童间发展的不平衡

根据课题组开展的城乡儿童入学准备水平对比研究发现，大约88%的农村学前儿童入学准备水平落后于城市平均水平。农村儿童除动作技能领域略占优势外，在入学准备的其他四个领域上均显著落后于城市儿童。更为重要的是，由于环境刺激的贫乏使农村儿童不但在知识掌握方面显著落后于城市儿童，而且农村儿童的能力发展也低于城市儿童。例如在倒背数字的项目上，78.7%的城市儿童可以完成倒背三位数字的任务，而农村儿童的正确率只有48.3%。这意味着刺激环境的贫乏不但影响了农村儿童晶体智力的发展，也进而影响了农村儿童流体智力的发展。农村儿童在学校生涯起点上的不利地位与农村义务教育阶段教育条件的局限相叠加，将使农村儿童的发展面临严重的局限。

正常情况下，儿童各领域上的入学准备水平应该随着年龄的增长而显著提升。年龄与入学准备水平的相关关系可以反映出环境和教育对学前儿童成长的影响情况。然而课题组的调查结果只发现城市儿童中可以观测到上述相关关系，农村学前儿童入学准备水平除运动技能领域的发展与年龄显著相关外，其他领域测试得分与年龄均无显著相关，也就是说农村学前儿童在入学准备的多数领域中发展速度缓慢，这意味着农村儿童的发展潜力受到环境制约而未能得到充分的实现。由于早期教育条件的不利，农村儿童在学校生涯上的起点低，发展慢。与县城或城市儿童相比，农村儿童处于不利的发展地位，教育起跑线上的公平问题应该得到更多的关注。

3. 缺乏成长背景方面的足够支持

根据上文关于入学准备含义的辨析，入学准备不仅仅是指儿童个体的准备，也需要包括家长、社区、幼儿园以及小学在内的成长背景的准备，以保证为儿童成长提供必要的背景支持。随着儿童年龄的增长，家长需要发展相应的教育观念、教养技能和教养行为。社区需要为家长和儿童提供必要的支持和服务。幼儿园需要在入学准备理论的指导下关注孩子的全面发展。小学需要为迎接不同准备水平的儿童提供个性化教育和差异教学的服务。然而，由于我国目前教育服务机制的建设尚不完善，上述背景支持方面的准备都还很不充分。

(二) 对策：行动定向和生态主义视角的入学准备教育

入学准备研究的意义在于了解当前儿童入学准备的状况及存在的问题，并且通过改进教育实践促进儿童入学准备水平的提高。入学准备教育实践应该遵循两个指导思想：一是行动定向的思想，要通过促进各方力量的实际行动来实现儿童入学准备水平的提高；二是生态主义的思想，要把关注焦点从儿童个体的准备扩展到环境背景的准备。

1. 树立全面的入学准备教育观念

当前家长、幼儿园以及社会关于入学准备的理解仍然比较狭隘，往往局限于知识准备和智能准备，对于情绪和社会性、学习方式、动作技能等领域的认识不够充分。为了实现全面的入学准备教育，教育者应该对五大关键领域的内涵有更深入的理解。

身体健康和运动发展领域包括两大方面：一方面是有关身体健康的部分，包括儿童的身体增长率、身体适应性、身体生理机能；另一方面是有关动作技能的部分，包括大运动技能、精细运动技能、感觉运动技能、发音控制技能等。

情绪和社会性发展领域包括两大方面：一方面是有关情绪情感发展的部分，包括适当的自我概念、健康的情绪、积极的自我效能感、情绪表达能力以及对他人情感的敏感性；另一方面是有关社会性发展的部分，包括理解他人的权利、公正地对待他人的能力、辨别偶然和有意行为的能力、付出和接受支持的意识、平衡自己和他人需要的能力等。

学习方式领域包括：对新任务和挑战所保持的开放性和好奇心；主动性；完成任务的坚持性；专注性；反省和解释能力；想象力和创造性；良好的认知风格。

言语发展包括两大方面：一方面是口语发展，主要是从情境言语和对话言语向连贯言语和语篇的过渡，也包括语音技能、语法技能和语用技能的发展；另一方面是书面言语，包括初步的文字意识、阅读意识、故事意识以及涂写能力。

认知和一般知识领域主要包括以下三种类型的知识。第一，自然知识：自然知识是指关于外部世界存在物的知识，例如物理知识和生物知识等；第二，逻辑—运算知识：逻辑—运算知识包含个体内心对物体、事件和人之间的关系的建构。这种知识把自然知识延伸到构建事物之间的相似性、差异性和关系的范畴，例如数概念和逻辑概念等；第三，社会—规则性知识：社会—规则性知识是关于社会中那些取得人们一致认可的规则以及学校中习得的、具有传承性的知识，例如社会习俗或传统等。

家庭教育和幼儿园教育应该在深入认识以上五大领域发展含义的基础上，全面地开展儿童的入学准备教育，使儿童在各领域上的入学准备水平得到均衡的发展。

2. 关注社会经济地位不利儿童的入学准备

社会经济地位不利儿童是指由于家庭、经济、环境等各方面的原因，生活质量相对低下，教育资源比较匮乏，更容易产生消极的发展后果的儿童。这些消极后果包括儿童身体健康水平差，认知能力低下，情绪和行为问题增加，受教育年限减少等。这些消极后果会使儿童在成年后的生活或就业中遇到困难。因此，关注社会经济地位不利儿童，改善他们的状况，帮助他们走上"最优发展"的道路，有利于降低他们的发展风险，减少由于贫困代际传递现象的消极影响，也有利于促进社会的和谐发展，符合可持续发展道路的宗旨。

社会经济地位不利儿童入学准备水平上的问题主要来自于以下原因：第一，所接受的学前教育经历不足或质量不高；第二，家庭学习资源的贫乏；第三，父母教养能力的局限。

发达国家在提高社会经济地位不利儿童入学准备水平方面取得了很多成功经验。例如，美国的起点计划（Head Start Program）是一项国际著名的早期入学准备干预项目。该项目起始于1965年，致力于缩小处境不利儿童在入学之初与其他儿童的差距。美国国会及各州政府都对该项目给予了强有力的支持，2003年度该项目财政预算达67亿美元，每年有大量学龄前儿童获得该项目提供的早期教育服务，并获得了积极的成果。一些绩效评估研究发现，早期的入学准备干预项目能够对后来的学校适应结果产生广泛而深刻的影响，干预效果主要表现为儿童能力的发展、阅读和数学学业测验分数的提高、留级率的下降、情绪与社会性的改善、学校出勤率的提高、特殊服务提名率的减少等。

我国目前关于社会经济地位不利儿童入学准备的促进项目还很不充分，既缺少大规模的国家性干预措施，也缺少普及的社区干预服务。因此，需要在这方面借鉴国外的成功经验。社会经济地位不利儿童的发展促进项目需要视各国具体情况而制定。就我国而言，社会经济地位不利儿童主要包括农村儿童、城市贫困家庭儿童、城市流动人口尤其是农民工子女。在发展促进项目的过程中，国家政府应该提供强有力的经济和政策支持。

首先，应该进行广泛研究，形成社会经济地位不利儿童的界定标准；其次，借鉴国外经验，不仅关注儿童个体的早期经验，还要关注家庭、学校、社区等社会因素。再次，应该考虑城乡经济、环境等方面的差异，分别制定适宜的发展促进项目。由于中外在文化、经济等各方面都存在差异，所以在借鉴国外项目的同时，要考虑适宜性的问题，需要结合中国的实际情况发展具有中国特色的社会经济地位不利儿童的入学准备促进项目。

3. 增进对儿童入学准备的背景支持

入学准备不仅是儿童的发展任务，也是家庭、社区、小学和幼儿园等背景单元的责任。儿童发展是在特定成长背景下进行的，因此儿童不但要做好入学准备，家庭、社区、小学和幼儿园也需要为儿童的入学准备提供相应的背景支持。

家庭环境是儿童早期最重要的成长背景，基于入学准备理论的家庭教育指导对于儿童的入学准备具有重要的作用。一方面，对于0~6岁儿童而言，父母是其早期经验的提供者，所以家庭环境的影响具有举足轻重的作用；另一方面，多数父母不能具备完整而系统的关于入学准备教育的知识和技能，需要获得专门的指导。国外一些以社区为中心举办的家长育儿技能指导项目取得了良好的效果，例如，先行计划的实验项目——父母儿童中心（Parent and Child Centers）、先行亲子教育项目（Advanced Parent-Child Education Program）、综合儿童发展项目CCDP（Comprehension Child Development Program）、平坦起点家庭读写项目（Even Start Family Literacy Program）、亲子共读项目（Parent-Child Shared Book Reading）、让父母成为教师项目（Parent As Teacher）等。这些项目都是通过提高父母养育技巧来达到促进儿童发展的目的。基于入学准备的家庭教育指导有三项任务。一是让家长意识到，0~6岁儿童的发展任务之一是为未来的学校生活奠定基础。婴幼儿期间的家庭环境和教养实践对孩子未来的生活有着重要影响。入学准备不能只从5、6岁抓起，而是要贯穿于整个0~6岁的教育之中。二是让家长了解入学准备的内容，包括身体健康和动作技能、情绪和社会性发展、认知和一般知识、言语发展、学习方式五个领域。尤其需要强调的是，入学准备不只是学习准备，而是身心全面发展状况的准备。需要向家长系统地解析各领域中的具体内容和发展目标，增强家庭教育的目的性。三是让家长掌握五领域发展内容的教育要点和实践技能,增强家长的教育效能,使家长有能力针对孩子五领域的发展任务实施教育措施。在国外,家庭教育指导主要由社区和公益机构来完成。但我国的社区服务和公益机构都还很不发达,需要大力发展相应部门的职能,提高对早期家庭教育的指导力度。

在人们普遍关注"儿童对学校的准备"的同时,"学校对儿童的准备"也同样需要引起重视。由于初入学儿童的入学准备程度是有差异的,这就要求小学应为不同水平的儿童准备好因材施教的教育环境,能满足他们的不同需要。"学校的准备"应该包括以下四项基本目标:第一,教师掌握关于所有发展中的儿童的成长和发展的知识;第二,教师了解每一个儿童的能力、兴趣和需要;第三,教师掌握每一个儿童及其家庭的社会文化背景知识;第四,教师有能力把掌握的上述三种知识转化成与儿童发展相适应的教育实践。上述四项目标都要求教师了解初入学学生在入学准备五领域上的个体差异,并在此基础上因材施教,保证每个儿童的成功和发展。

高校社会资本研究

胡钦晓

(曲阜师范大学)

由曲阜师范大学教育科学学院胡钦晓主持的全国教育科学"十五"规划青年专项课题"高校社会资本研究",运用西方社会科学界近年来研究颇多的"社会资本"的概念,结合中国社会及大学发展的特点,对大学社会资本积累的方式,当代中国大学如何进行社会资本的积累和运营问题进行了全面深入的分析,并提出了具有针对性的意见建议。

一、内容与方法

(一)研究内容

1. 厘定大学社会资本的内涵。厘定该研究的核心概念是确保课题顺利进行的关键因素。社会资本是大学社会资本的上位概念。因此分析大学社会资本的内涵,不能不首先澄清什么是社会资本。该研究将首先对社会资本这一概念的相关界定进行梳理,面对国内外学者的众多的概念界定,试图分析出社会资本应该具有的基本要素。同时,从中西方语境中关于"社会"一词的辞源学考察,分析出社会资本这一概念中"社会"一词应有的内涵。在以上前提的基础上,该研究试图提出社会资本的概念。在社会资本概念的基础上,我们要总结出大学社会资本的内涵、构成及特点。

2. 西方大学社会资本的演进。尽管说社会资本是20世纪80年以后才开始在学术界流行的一个研究热点,但是作为大学组织,其社会资本产生及构成是与大学相伴而生的。因此详细分析西方大学的社会资本演进,将是该研究的一个重要方面。该课题将从大学社会资本的客观因素"网络关系"的视角(大学内部关系,大学与外部的关系)与主观因素"非正式制度"(价值信仰、习俗惯例、道德规范、声誉声望等)的视角,简要分析西方高等教育发展中的大学社会资本的历史演变。以历史发展阶段为线索,共划分为四个分支研究内容:第一,中世纪时期的大学社会资本;第二,14至18世纪的大学社会资本;第三,19世纪的大学社会资本:以德国柏林大学为个案;第四,20世纪的大学社会资本:以哈佛大学为个案。

3. 中国大学社会资本的演进。根据分析西方大学社会资本演进的基本路线,我们将从客观化的"网络关系"的视角(大学内部关系,大学与外部的关系)与主观因素"非正式制度"(价值信仰、习俗惯例、道德规范、声誉声望等)的视角,简要分析中国高等教育发展中的大学社会资本的历史演变。以历史发展阶段为线索,共划分为三个分支研究内容:第一,从"京师大学堂"到"西南联大"时期的中国近代大学社会资本;第二,从"院系调整"到"文化大革命"时期的大学社会资本;第三,20世纪80年代以后的大学社会资本。

4. 大学社会资本的功能。大学社会资本作为一种资本形式,它对大学的发展具有哪些功用?这是该研究所要回答的一个基本问题。为此,我们拟从高等学校的三个基本职能出发,分析出大学社会资本对于人才培养、发展科学、服务社会的重要作用。就人才培养方面而言，重点从大学社会资本可以扩大高校生源、优化教学管理、促进师生交流等，从而进一步为培养高质量的人才打下坚实基础等方面展开论述；在发展科学方面，就大学社会资本可以促进科研信息的交流、科研团队的形成以及科研成果的开发等方面展开论述；在服务社会方面，重点从大学社会资本有利于科研成果的推广，有利于融洽大学与政府、社会、企业的关系，有利于创业型大学的产生等方面展开论述。此外，还将从大学社会资本对社会融资、提高大学内部凝聚力等方面，来论述大学社会资本的正面功用。社会资本同资本的其他形式一样，除具有诸多正面功用外，还具有一定的负面效应。为此，该研究还将围绕大学社会资本的负面功能进行分析。

5. 大学社会资本的积累。大学社会资本具有大学其他资本形式所不具备的独特功用，因此分析如何保障大学社会资本积累的条件，就成为该研究的当然之意。从大学的组织特点出发，该研究将分别论述大学自治、正式制度、学术自由、学术责任、大学校长和社团组织与大学社会资本积累的相关性。大学自治和学术自由是大学在长期发展中形成的基本理念，对于大学社会资本的积累同样起着重要的作用。但是，无论是大学自治，还是学术自由，都不是绝对的。换句话说，大学自治的有限性决定了大学社会资本积累同时需要正式制度的内外部保障；学术自由的有限性决定了大学社会资本积累同时需要以学术责任为道德基础。随着大学不断发展，大学管理面临诸多挑战，大学校长的角色和功能也日益彰显，由此，我们提出大学校长是大学社会资本积累的主导力量的基本论断。但是，由于大学内外部网络关系日趋复杂化和多样化，主要依靠校长来积累大学社会资本已经显得势单力薄，因此，有意识地创建中介组织以及学校社团则是大学社会资本积累的组织基础。

6. 我国当代高等教育实践中大学社会资本的积累与运营。首先，我们将对我国积累与运营大学社会资本的可行性进行分析，离析出中国传统文化中的"关系"、"礼治"倾向，"尊师"、"重教"品格，"同窗"、"母校"情结等，都为中国当代大学社会资本的积累和运营提供了丰厚的土壤。而后，我们将对我国大学社会资本积累与运营的路径进行分析，提出要加强大学外部关系的链合，促进大学内部关系的整合，在制度构建中实现正式制度和非正式制度的均衡发展，充分发挥大学社会资本在中国高等教育发展中的重要作用。

(二) 方法路径

1. 从宏观研究到微观分析

就研究对象而言，该课题是从宏观层面上对大学整体情况的一种总括研究。这里所说的大学（universities）一般并不特指哪一所大学，亦非特指哪一个层面上的大学；就研究内容而言，该课题并不拘泥于大学社会资本的某个侧面研究，而是在对大学社会资本内涵解析的基础上，对大学社会资本的演进、功能、积累等方面的全面阐释。从宏观背景下研究大学社会资本，是深入研究某一特定大学社会资本的理论前提，同时也是某一特定大学认识、运用、积累自身社会资本的必要基础。如果不从宏观背景下研究大学社会资本，而是以个别大学为研究对象，或以大学社会资本的个别层面为研究内容，孤立地加以分析和讨论，那么就有可能得出以偏概全的研究结果。在大学社会资本还未引起高度重视、大学社会资本的诸多理论问题尚未明朗之前，从宏观层面研究大学社会资本是必要的。但是，整体是由部分组成的，宏观研究的视角离不开微观具体分析的支持。譬如，在论述大学社会资本演进时，在每一个阶段，都离不开通过历史文献的考察，对某一研究个案进行分析。尤其是进入19世纪以后，伴随着大学的国家化、民族化趋势，大学的发展也日益多样化。毫无遗漏地全面分析西方国家每所大学的社会资本演进历程，几乎是不可能的，因此必须根据实际情况有所取舍。基于此，抽出具有代表性的个案进行研究尤显重要。此外，在论述大学社会资本所具有的功能，以及积累大学社会资本应该具备的条件时，也需要通过具体实证分析来增加理论说服力。

2. 从理论构建到现实思考

总体而言，该研究旨在进行大学社会资本的理论构建。研究思路沿着大学社会资本的"内涵→演进→功能→积累"层层推进。通过对国内外关于社会资本的界定，借用辞源学的考察，结合大学自身特点，分析出大学社会资本的内涵。运用历史发展的视角，考察中西方大学社会资本演进的历程。结合大学所具有的主要职能、组织特点等，探寻大学社会资本的主要功能。在论述大学社会资本积累时，不把重点放在如何积累这一层面上，而是把重点放在大学社会资本积累应该具备的基本条件这一层面上。该研究的最后部分，试图从理论建构深入到我国高等教育发展的现实中来，分析出在当前我国大学构建自身社会资本的可行性，呼吁中国的大学在实践发展历程中，自觉积累自身的社会资本。

3. 多学科研究方法的运用

从该研究课题来看,"大学社会资本"的研究必然要涉及到教育学、社会学、经济学等多个学科领域。作为源起于社会学领域的"社会资本"概念,分析大学社会资本的内涵必须要从社会学的研究视角入手。研究中西方大学社会资本的演进,则必须运用文献分析法、比较研究法、个案分析法等。研究大学社会资本的功能及其积累,则必须运用实证分析、经验总结、统计法等。因此,该研究必须是在多学科研究方法的共同促成下而展开论述的。

二、结论与对策

(一) 研究结论

1. 关于大学社会资本的内涵

综合各家观点,结合对社会资本中"社会"一词的辞源学考察,我们认为,所谓社会资本,是指个人或组织在意识形态、道德规范、习俗惯例等非正式制度的影响和制约下,通过长期交往、合作互惠,进而在形成的一系列互动的网络关系基础上,积累起来的资源总和。它在客观层面上表现为关系网络因素;在主观层面上表现为"黏合"关系网络的非正式制度的文化因素,诸如伦理规范、价值信念、习俗惯例、意识形态等。大学社会资本,是建立在明确社会资本这一基本概念的基础上而提出的,强调大学作为国家和社会不可或缺的一类组织部门,不是孤立的行动个体,而是与政治、经济、文化、教育等领域有着密切联系的网上之结。明确说来,所谓大学社会资本,是指大学在意识形态、道德规范、习俗惯例等非正式制度的影响和制约下,通过长期发展,内、外部交往,合作互惠,进而在形成的一系列互动的网络关系基础上,积累起来的资源总和。

2. 关于大学社会资本的演进

纵观中西方大学社会资本发展史,可以得出,大学社会资本的多寡随大学发展起伏波动的规律。当大学社会资本丰厚时,大学也会迎来发展的春华和秋实;当大学社会资本贫瘠时,大学也将面临发展的严冬和酷暑。换句话说,当大学外部网络关系广泛,大学内部网络关系和谐时,大学发展的机遇就会增多,大学发展的空间就会扩大;当大学外部网络关系断裂,大学内部网络关系冲突时,大学发展就会面临重重困境,甚至是遭遇重创。就非正式制度层面而言,当大学注重吸收传统文化的精华,并主动借鉴国外大学模式时,大学就会发展;反之,大学就会步入歧途。

3. 关于大学社会资本的功能

就人才培养而言,大学社会资本可以扩大生源范围,促进师生学习交流,可以拓宽培养渠道,促进创新型人才形成,可以培育校园文化,促进学生全面发展;就发展科学而言,大学社会资本能够争取更多的科研课题和科研经费,能够形成良好的科研氛围和获取更多的科研信息,可以形成多学科、跨地域的科研联盟;就服务社会而言,大学社会资本有利于促进全民学习型社会的形成,有利于加速科研成果的转化和推广;就外部融资而言,大学社会资本可以促进创业型大学产生,可以促进社会捐赠;就内部和谐而言,大学社会资本可以促使大学和谐校园的构建,可以促使大学内部资源的有效配置。事物的双重性意味着任何发展都摆脱不了自然辩证法的属性。考察大学社会资本的功能,不难看出它既存在有利的一面,同时也存在着不利的影响。但我们并不能因为大学社会资本的负面效应,否定了它的积极作用,放弃了它的积累。这正如我们不能因为水、火、科学技术等具有负面效应,就否定了它们的积极作用,放弃了它们的储存和发展一样。

4. 关于大学社会资本的积累

大学社会资本积累是需要多重因素共同保障的过程,而且这些因素之间往往存在着错综复杂的相互制衡关系,譬如大学自治与正式制度之间、学术自由与学术责任之间、大学校长与社团组织之间等。因此,保障大学社会资本积累,不能够仅仅依靠上述任何一个单一的条件。譬如在美国,自治性较弱的公立大学比自治性较强的私立大学外部社会资本丰厚的就比比皆是。如果从跨国比较的角度来看,在某些国家尽管大学自治性较弱,但是由于国家对大学提供的强劲的财力政策支持,就有可能获得比其他国家自治性较强的大学获得更为丰厚的外部社会资本。所以说,大学自治仅仅是大学社会资本积累的一个非常重要的条件,而不是充分条件。基于此,积累和构建大学社会资本是需要一个长期的、多重因素相互制约的、渐进的过程。

(二) 研究对策

尽管从传统文化的视角来分析,中国大学具备了构建自身社会资本的诸多可行性,但是,这并不等于说中国大学社会资本的构建就会在自发的状态下完成。从大学的"外部网络关系"、"内部网络关系"和"非正式制度"三个视角,我们提出大学社会资本的以下建构路径和对策:

1. 加强大学外部关系的链合

以高深知识为媒介的、广泛的大学外部网络关系,是构建和积累大学外部社会资本的主要载体。就当下中国大学的外部网络关系而言，无外乎促进大学的国际化进程；促进政府、大学、企业之间建立密切的三重螺旋模式；促进大学与社区及其他个人或组织机构（如私人团体、大学、科研机构、中学、中介组织等）的广泛互动等方面。国际互联网络和电子网络出现后，又为大学加强和扩展外部网络关系的链合，提供了更为便捷的工具和广阔的空间。

2. 促进大学内部关系的整合

内部关系的和谐以及鲜活性，是保持大学可持续发展的源泉和动力。当下中国大学内部关系存有诸多不和谐因素，譬如大学官僚化管理日趋严重，大学师生关系日益淡漠，大学管理层之间（主要指校长和书记）的矛盾和冲突，等等。这些不和谐因素，致使大学传承、创造、运用高深知识的鲜活性正逐步丧失。大学与高深学问机构相距越来越远，逐步演变为竞相追逐的"名利场"。事实上，大学之所以成为大学，必须是"德性"与"学问"密切相连的共同体。失去了"德性"和"学问"，大学也将面临生存的合法性危机。因此重整大学内部关系，淡化名利意识，张扬德性与学问，对于当下中国大学发展而言至关重要。

3. 实现制度构建发展的均衡

构建法律法规是当下中国高等教育发展中的一项重要而又迫切的任务。我们一方面要做好高等教育基本法的补充、修改和完善，另一方面更要做好高等教育特别法（如《学位法》、《拨款法》、《学生法》等）的借鉴、制定和健全。虽然说借鉴他国高等教育立法经验，是加快我国高等教育法治化进程的有效途径，但是在"拿来"的同时，要注重与本土高等教育非正式制度的融合，实现制度构建中的均衡发展。构建高等教育非正式制度，需要政府和大学共同努力。就政府层面而言，首先，要在坚守马克思主义主流意识形态的基础上，不断吸取中国传统文化中的精髓，尽快实现主流意识形态的本土化改造；其次，要不断加强对高等教育发展重要性的认识，继续实施科教兴国战略思想，为中国大学的发展创造良好的外部生存环境；第三，要不断建立适合当下中国发展的伦理规范、道德观念体系，通过立法程序和舆论宣传，确保中国社会非正式制度的健康发展。就大学层面而言，首先，要提高对大学发展中非正式制度重要性的认识，认真反思和总结学校长期发展中所形成的特色办学理念，改造或调整千篇一律的，诸如"勤奋、朴实、团结、友爱"的学风或校风；其次，要坚守大学是传承学问、养成德性的组织机构的价值信念，逐步淡化"官僚机构"的管理方式，充分发扬民主治校的现代管理理念，调动广大师生共同参与社会资本构建的积极性和主动性；第三，要充分吸收和借鉴西方大学和中国近代大学传承下来的学术自由、大学自治、学术责任等习俗惯例，在内外部交往中树立互惠、合作、诚信意识，并运用到大学内外部关系网络形成的实践当中。

高等农业院校实施"一村一名大学生工程"

刘大群

（河北农业大学）

由河北农业大学刘大群主持的全国教育科学"十五"规划教育部重点课题"高等农业院校实施'一村一名大学生工程'的理论与实践研究"，从理论和实践层面系统提出了"一村一名大学生工程"的人才培养目标、规格和课程体系，制定了特色鲜明、应用性强的人才培养体系，探索出一条为新农村建设培养高级农业人才的教育模式。

一、内容与方法

（一）研究内容

该课题立足于社会主义新农村建设对农业人才的需求和我国高等农业教育的现状，深入分析了高等农业院校实施"一村一名大学生工程"的背景，指出高等农业院校实施"一村一名大学生工程"是解决高级农业人才通向农村的有效途径，是高等农业院校为农村培养"下得去、用得上、留得住"实用人才的创新性教育改革。"一村一名大学生工程"以培养一线农业技术与管理人才为目标，突破了高等农业院校原有的人才培养模式，改革了招生渠道、教学内容和方法，改变了培养途径和就业方式，率先突破传统高等教育框架，建立了面向农村的人才培养、输入模式。该课题对"一村一名大学生工程"

的招生录取模式、专业设置、课程体系和教学内容、人才培养模式、实践教学体系、教学管理体制、就业形势和毕业生跟踪服务进行了深入的研究，对建立高等农业院校与农村互利、互惠、互动的人才培养合作机制进行了系统的研究，提出了以职业能力培养为主线的课程体系建设思路，形成了富有时代特征和鲜明办学特色的农业实用人才培养模式和教学体系，建立并实施了产学研紧密结合的实践教学体系和人才培养机制。该课题认真研究了"一村一名大学生工程"的实施情况，对实施中存在的问题和影响因素进行了剖析，并提出了"一村一名大学生工程"持续发展的对策。

（二）研究方法

结合学校实施"一村一名大学生"的具体工作，边实践、边研究，在研究过程中主要采取了以下方法：

1. 实地考察法：深入河北省农村基层县、乡镇、村庄、企业等具有代表性的单位进行考察。调查农村人才需求的类型、规格、数量等；考察目前农村的高中毕业生、复员退伍军人、现任村干部、科技示范户等人群的学习愿望、文化基础和知识结构，科学论证学院的办学模式和发展规划。

2. 集体访谈法：分别组织由学院不同专业学生代表、教职工代表、有关专家参加的多层次座谈会，讨论学院的专业建设和发展规划、人才培养模式、教育教学改革等方面的问题。

3. 问卷调查法：针对本项目研究内容，设计调查问卷，对"一村一名大学生工程"毕业生进行跟踪调查，了解"一村一名大学生工程"培养的人才是否符合我省农村实际需要，"一村一名大学生工程"取得的效果和存在问题，调整招生就业模式、人才培养模式和教学计划。

4. 论证法：对"一村一名大学生工程"的专业设置、教学计划及课程大纲、实验室及实习基地、师资队伍、教学管理等重要内容，专门组织专家论证会。

5. 点面结合法：认真总结本项目前期研究的初步成果，在项目的中后期及时应用。并根据各项研究内容的组成要素，采取分层设计、逐项落实、全程跟踪、及时反馈，使"一村一名大学生工程"实施日臻完善。

6. 比较分析法：在对"一村一名大学生工程"的产生和发展进行研究时，不仅要把它的各个发展阶段与普通高等教育形式进行比较分析，同时作为一个整体把它与其他农民职业技术教育形式进行比较分析。通过这两个方向的比较分析，力求对"一村一名大学生工程"的认识更加深入和全面。

（三）技术路线

本课题研究的技术路线如下图所示。

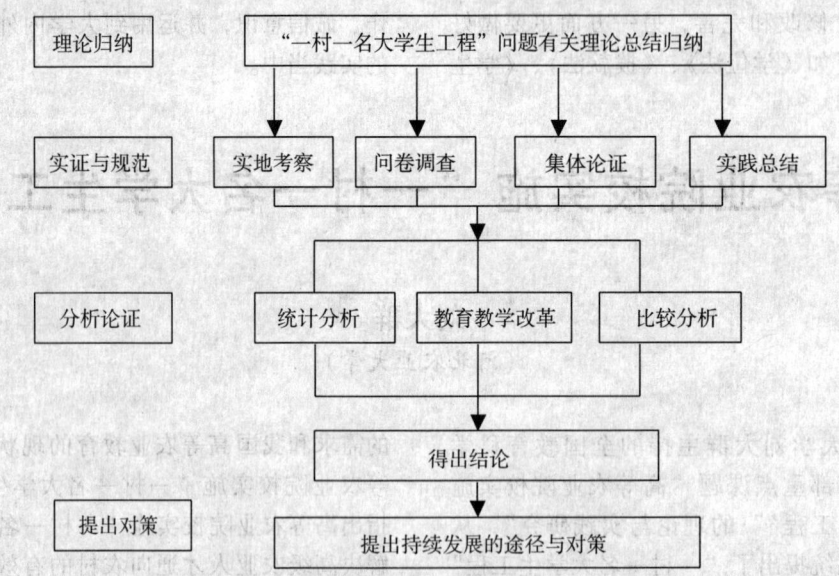

二、结论与对策

（一）"一村一名大学生工程"是解决农村人才奇缺难题的创新性尝试

目前中国农村基层高级人才奇缺，在村一级基本上是空白。村一级一方面需要高素质的带头人、管理者和专业技术人员，另一方面也需要更多的高素质劳动者。农村青年中约10%的高考中榜者进了培养高级专门人才的高等学府，毕业后他们大都流向了城市或发达地区。而约占90%的落榜者，承担着他们难以承担的农村现代化建设的使命。我国农业科技推广人员只有88万人，而初中文化程度以下的占了60%，平均万亩土地仅有0.8个技术人员，每万名劳动力中仅有0.16个技术人员。由此可见，我国农村人才资源极度匮乏。高校毕业生走向农村又因农村经济、文化的相对落后而困难重重。越是经济发达地区越能吸引人才，越是经济落后的地区越难以吸引人才，广大农村都面临这一困境。农业大学培养的大学生有的进了教学和科研单位，有的进了农业管理部门或从事农业推广工作，也有的学非所用，真正到农村和农业生产第一线的极为少见。农村的人才奇缺和难以解决成为不可回避的问题。而从农村招生、面向农村第一线培养人才的"一村一名大学生工程"正是解决农村人才问题的创新举措，是高级农业人才通向农村的有效途径。

（二）"一村一名大学生工程"是实现科教兴农、人才强农战略的基础工程

"一村一名大学生工程"是高等农业教育适应我国现阶段农村人才现状，为农村基层培养人才的一项特殊措施，是高等农业教育为农村经济和社会服务的具体体现。这项措施的实施，将推动农业教育与农业经济的结合，使高等农业教育发展农业科技、培养农业人才、服务农村经济的职能更好地发挥作用。

"一村一名大学生工程"培养的人才将直接参与农业经济发展和农村建设，他们是农村先进生产力的代表。农村的发展关系到他们的切身利益，作为农业现代化建设的主人，他们以主人翁的责任感在农村从事农村管理、农业经营和农业科技工作，他们的主动性和创造性都会得到很好的发挥，这种内发性力量及其影响的持久性、广泛性是外力所不能达到的。"一村一名大学生工程"的实施和推广，促使培养的高等农业人才走向农村，如此才能有效地推动"科教兴农、人才强农"战略的实施。

（三）"一村一名大学生工程"是促进农村可持续发展的人才保证

农村的可持续发展是生态、经济、社会三位一体的协调发展。我国农村劳动者科技文化素质低下、农村剩余劳动力无法顺利转移、资源短缺、生态破坏和环境污染问题日益明显，已成为制约农村和农业可持续发展的重要因素。充分利用各种教育资源，大力开展农业职业教育，提高农村劳动者素质，是实现我国农村可持续发展的治本之策。由于农民的科学文化素质低，很多现代科学技术得不到推广和应用，造成农业劳动生产率低下，有限的自然资源得不到科学有效的使用，造成宝贵的自然资源过度开采和浪费；大量的劳动力资源得不到有效开发和使用，农村剩余劳动力无法转移，大量劳动力闲置，形成沉重的农业人口负担。农民素质问题是农村可持续发展的关键。

世界银行《1991年世界发展报告》认为：劳动力受教育的平均时间增加一年，GDP就会增加9%。只有通过教育的手段提高农业劳动者素质，使他们掌握科学文化知识和技术，提高农业生产的技术水平和农业产品的科技含量，才能使农村经济的增长方式转移到依靠劳动者素质的提高和科学技术的应用上来，才能推动农村经济社会的科学发展和可持续发展。培养农村适用人才的"一村一名大学生工程"，正是高等农业教育为促进农村科学发展和可持续发展发挥的先导性作用。通过"一村一名大学生工程"的实施，开发农村人力资源，逐步为农村基层培养一批掌握农业科学知识和技术的高层次人才，在农村经济和社会发展中发挥带动作用，从而推动农村的科学发展和可持续发展。

（四）"一村一名大学生工程"对社会主义新农村建设具有重要的促进作用

"一村一名大学生工程"改革了招生模式、培养方式和就业模式，通过强化实用知识、实践技能，提高生产和经营的能力来培养农村实用的生产和经营管理人才。该工程在两年时间内为学生逐步提供信息技术应用、经营管理、实用技术与推广、种植技术、养殖技术、农产品加工与销售、法律法规等模块化的课程组合，以满足不同人员、不同地区多样化学习的需求。"一村一名大学生工程"的实施和进一步的发展，对于培养高素质的适应市场经济的农村管理者、经营者、农民致富带头人，促进农村经济社会发展，特别是促进社会主义新农村建设有重要的作用。

1. 有助于增强农村基层干部的管理水平和执政能力

农村基层干部是社会主义新农村建设的组织者和实践者，是党在农村各项方针政策的贯彻者和实施者，是团结带领广大农民群众建设社会主义新农村、共同致富奔小康的领头雁和排头兵。村干部的管理水平和执政能力直接影响到我们社会主义新农村建设的成败。十六届四中全会在《关于加强党的执政能力建设的决定》中明确指出，加强党的执政能力建设，必须以加强党的基层组织建设为基础，但关键还在于建设高素质的干部队伍。新时期农村基层工作中遇到许多问题、矛盾、挑战，需要我们进一步提高和增强党员干部的素质和本领。这是保持党在农村的执政地位和农村长治久安的关键所在。而我国农村基层干部存在的突出问题是：村干部科技文化水平偏低，知识结构不合理，示范带头作用发挥不好；村干部依法治村观念淡漠，办事不讲政策主观随意性较大；村干部带领群众缺少创新能力；村级后备干部严重匮乏。这些问题大大制约了当地经济的发展，而"一村一名大学生"工程在解决这些问题上给我们提供了有益的尝试。"一村一名大学生"工程通过招收一部分村干部或村后备干部，让

他们在大学系统地学习经济、贸易、金融、管理、法律等方面的知识，使其在整体知识水平和学习能力上有了明显的提高，为增强他们的管理水平和执政能力提供了知识和智力支持。"一村一名大学生"班中有的学生，在学习的同时已经开始为家乡服务了。农林管理专业的马杰，是村党支部副书记，村里的电脑闲置了很长时间没有人用，他在河北农业大学学习后，利用网上获得的信息和在学校学到的专业知识指导村民生产和经营，很快得到了村民的认可和赞扬。赵振宾同学入学时任安新县铜口镇王岳村党支部书记，农业经济管理专业毕业后继续任村支部书记。他利用自己在学校学到的知识带领乡亲们依靠科学致富，搞生态农村建设，通过绿化村里街道、利用秸秆发酵的办法，使该村面貌大为改观，很多家庭用上了沼气能源，他的威望在群众中得到提高。

通过实施"一村一名大学生"工程，为农村培养一批"想干事、能干事、干成事"的优秀管理和技术人才，可以达到改善农村基层干部队伍整体结构、提高干部整体素质的效果。这也符合干部知识化、专业化、年轻化的发展方向，能够从整体上增强农村干部科学管理和依法执政的能力。

2. 有助于提高农民的科学文化素质

21世纪的竞争，是人才和知识的竞争。一个国家或一个地区综合实力的强弱、经济发展的快慢，在很大程度上取决于劳动者素质的高低和各类人才的质量与数量，取决于科技进步和知识创新的水平。而劳动者素质的提高，创造性人才的培养，知识与技术创新能力的开发都有赖于教育的发展。我国农村职业教育的落后，严重制约了农民科技人才的培养，造成农村基层人才短缺尤其是高等人才奇缺，严重制约了农村对科技的吸纳和应用，影响了农村的快速发展。

提高农民科学文化素质离不开教育。"一村一名大学生工程"在培养农民科技人才方面做了有益的尝试。"一村一名大学生工程"招收的学生主要是村级干部或后备干部、科技带头人。通过两年的系统学习，他们带着科学文化知识回到农村，把所学知识应用于生产和经营，逐步成为规模经营大户、创业者、致富带头人。同时，他们亲身的生产经营实践又成为农业科技的"示范源"，更多的村民通过他们学习和了解了更多的农业科学技术。农民大学生成了能应用农业新科技直接指导农民和科技服务的"二传手"、最有效的科技传播员。

由此可见，"一村一名大学生工程"是高等农业教育适应我国现阶段农村人才现状，为农村基层培养人才的一项特殊措施，是高等农业教育为农村经济和社会服务的具体体现。这项措施的实施，将推动农业教育与农业经济的结合，使高等农业教育发展农业科技、培养农业人才、服务农村经济的职能更好地发挥作用。"一村一名大学生工程"的实施和发展，使一批批高等农业人才走向农村，在农村建设中发挥作用，有效地推动了科教兴农和人才强农战略的实施。

3. 有助于加速科学技术在农业生产中的转化，促进农村经济发展

农业经济的发展和农村现代化的实现越来越依赖于农业科技的进步和劳动者素质的提高。世界银行研究报告指出，劳动力受教育的平均时间增加1年，GDP就会增加9个百分点；与不受教育相比较，受过3年教育能使GDP提高27个百分点。教育是提高人口素质的一个极为重要的途径。只有通过教育手段提高农业劳动者素质，使他们掌握科学文化知识和技术，提高农业生产的科技含量和农业劳动者的科技水平，才能使农村经济的增长方式转移到依靠劳动者素质提高和科学技术的应用上来，加速科学技术成果的转化，才能推动农村经济社会的快速发展。

我国农业科技成果转化率低和农业实用技术普及率低的原因之一，就在于农村高素质人才的短缺，影响了对农业科技的吸收和接纳。农业科技成果和农业技术要传播到农民手中转化成现实生产力，需要一批高素质的农业从业者。他们要进入农业、农村内部，成为真正推动农业、农村发展的先进生产力要素。多年来，高等农业院校探索出各种行之有效的服务"三农"的方式，如进行过各种形式的科技推广工作、组织专家学者科技下乡活动、"公司加农户生产销售一条龙服务"、科教兴农示范村建设，等等。但这些外部因素发挥作用最终要取决于农民自身科技意识的提高和适应市场经济能力的增强，况且这些外部因素受持久性、广泛性、深入性的限制，还远远满足不了农村对科学技术的需要。科技成果向生产力的转化最终要依靠直接参与农业生产实践的科技农民。

"一村一名大学生工程"培养的农民大学生将直接参与农业经济发展和农村建设，是农村先进生产力的代表。农村的发展关系到他们的切身利益。作为农业现代化建设的主人，以主人翁的责任感在农村从事农村管理、农业经营和农业科技工作，他们的主动性和创造性会得到充分的发挥。这种内发性力量及其影响的持久性、广泛性是外力所不能达到的。这种独特的教育模式培养的人才使得农业科学技术直接与农业生产力接轨。"一村一名大学生工程"探索出了一条为新农村建设培养高等农业人才的教育模式，它是高等农业院校服务新农村建设的新探索，是"太行山道路"的延伸。随着"一村一

名大学生工程"的不断发展，培养的人才源源不断地走向农村，其在新农村建设中的作用会愈加明显。

（五）准确定位，按照区域经济特色调整专业结构，组织安排教学计划对培养实用型技术人才具有非常重要的作用

经济和科技的迅猛发展，带来了社会经济结构和市场供求的巨大变化，农业产业结构中传统农业被现代"两高一优"农业取代，农业规模化、集约化、专业化、现代化水平不断提高，乡镇企业发展和小城镇建设对从业人员有了新的要求。准确定位，加强对应用型农业技术人才需求的市场调研，以市场急需技术应用型人才培养为突破口，紧密结合地方需求，按照区域经济特色调整专业结构和课程教学内容，突出实用技术的培养对农业实用人才的培养具有非常重要的作用。在学校实施"一村一名大学生工程"的过程中，坚持因地制宜，因人施教的原则，在专业设置方面，根据学生生源地的农业条件及农村经济现状，按照农业产业经营的需求，本着实用性、通用性原则调整专业结构，构建面向农村基层的学科和专业，培养实用型、技能型农民大学生。在教学上采用学分制管理，学生被录取后可以根据家乡经济发展的实际需求和自己的学习兴趣和志向，有针对性地选择专业，选修相关课程。

"一村一名大学生工程"不同于一般的农村实用技术培训计划，该"工程"的培养目标是农村经济和农业生产的带头人，农村科技致富的带头人和农村先进文化的带头人。要实现这个目标，教学计划的制定就显得尤为重要，它不仅要注重实用技术的培训，而且要着重提高综合素质，就是要把实用技术和文化教育、思想政治教育结合起来。同时还要和当地农业发展布局、产业结构调整相结合。针对不同地区农业生产的地域差异实施不同的教学计划，做到需什么教什么，缺什么补什么，按照农村区域经济特点组织教学，以尽可能地满足学生对专业知识的需求，保证学生回村后学有所用。

在课程设置上，我们突出实用技术培养，加强实践教学环节，强化技能训练，注重培养适应地方经济发展的实用型、技能型专业人才。对于基础课和一些专业基础课程掌握"必需、够用"的原则，一般本科专业公共课、基础课、专业基础课这三部分的课时占全学程总课时的80%，普通三年制专科占60%，而"工程"两年制专科这三部分的课时只占全学程总课时的40%以下。

我们坚持学校教育要符合当地农村经济发展的实际情况，寻求教育规律与农村经济规律的结合点，保证学生回村后能够学有所用。在教学内容方面，强化实用技术、实践能力和先进技术手段等方面的培养，加强经济管理、市场营销、计算机应用、法律知识、思想道德修养等方面的教育。在课程讲授中注重理论与实际的结合，采用案例式教学法，充分利用现代化教学设备，进行多媒体网络教学，切实保证教学内容的先进性与实用性。

（六）资源共享、加强联合，建立产学研合作的教学基地是"一村一名大学生工程"顺利实施的保障

建立实验、实习尤其是实训场所，需要投入大量的经费和资金。在教育经费普遍短缺以及市场变化的情况下，农业院校要建立起与自身专业设置、技能培养完全配套的实习、实训基地非常困难。因此，加强与企业、生产单位的合作，建立产学研合作的教学基地，实现资源共享，互利双赢对提高教学质量非常重要。

学校在专业课程设置上构建了两个平台，一个是专业基础知识理论课平台；另一个是实践教学课平台。除在校内安排一些实验课外，充分利用、发挥河北农大在全省各大经济类型区的47个产学研三结合基地和14个科教对口扶贫县的任务以及多年来构筑的"太行山道路"基地的作用，安排学生的教学实习和生产实习，使实验课学时占全课程总学时的30%，教学实习、生产实习占全学程总周数的40%，保证学生实践能力、动手能力的培养。

（七）加强教材建设和师资培训是提高农业实用型人才培养质量的重要途径

农业实用人才的培养应注重教学内容的实用性、实践性原则，认真研究教学内容和课程体系，做好教材的编写和重组工作对于培养农业实用人才具有很重要的作用。学校组织了"一村一名大学生工程"专用教材编写组，出版了15门主干课程的教材，以提高学生实用知识和技能的培养。

实用型人才培养的关键在于有一支"双师型"师资队伍，要非常强调教师的理论性与实践性相结合。教师既是理论知识的传授者，又是实践能力的培养者。学校制定了相关的优惠政策和严格的管理措施，重点加强这支队伍的建设。首先，每个教师应至少承担两门以上专业课程的教学任务，要一专多能，至少掌握1~2门以上实用技术。其次，建立专、兼结合，结构合理的"双师型"教师队伍。兼职教师要注意从生产一线部门既有实践经验又有较高知识水平的人中聘请，同时为缺乏实践经验的青年教师创造足够的定岗实践的机会，加强基层锻炼，丰富实践经验。再次，加强对专业教师专业技能的常规训练、考核，强化竞争激励和约束机制，不单纯考虑引进高学历的教师，从而促进"双师型"教师队伍整体水平和质量的不断提高。

论点摘要

我国基础教育阶段中、高考制度改革的建议

华东师范大学金一鸣教授主持的全国教育科学"十五"规划教育部重点课题"基础教育可靠有效的发展性考试评价制度研究"认为,考试评价是根据一定的教育价值观或教育目标,运用可操作的科学手段,通过系统地搜集信息、资料,分析、整理,对教育对象进行价值判断的一种活动。不同教育阶段考试评价的价值取向与定位是不相同的。在当前,我国的基础教育既承担着为学生未来发展奠基基础的职责,同时,还承担着为高一级学校培养合格生源的重任。因此,现阶段我国基础教育阶段考试评价的价值取向必须坚持发展性,同时兼顾选拔性。

当前,在中考、高考等评价制度实施中,存在着教育发展功能缺失,评价选拔方法单一,相关评价机制被变相实施等问题。因此,为了进一步推进素质教育,有效提高基础教育阶段教育评价的有效性,中、高考制度在以下四个方面需要改善。(1)提高中、高考自身的科学性,既要推进中、高考选拔功能的公平性,同时,也要提升中、高考教育功能的有效性。不管是对于高一级学校新生的招录,还是对基础教育的引领,中、高考都是一个工具,所以考虑更多的是如何使用好这个工具。虽然工具的使用效率很重要,但工具本身的科学性更为根本。因此,在中、高考命题中,首先,要全面理解基础教育不同阶段教育的性质,以及基础教育课程改革方案中每一门课程的功能和价值,充分体现课程的均衡性、综合性和选择性,不能因为命题技术的影响造成某一门学科成为所谓"杠杆学科",偏离学业评价的导向。其次,由专职的教育教学人员负责中、高考测评与命题工作,进一步加强教育测量和评价理论研究,不断完善和丰富评价技术。一方面为命题提供理论指导,另一方面为多元评价提供支持;同时,建议将中、高考测评与命题工作纳入学科教学研究的范围,通过中、高考自身科学性的提高,在更高水平上实现中、高考选拔功能的公平性,在更长远的视野上实现中、高考教育功能的有效性。(2)推动中、高考自身的多元性,在实现中、高考选拔功能公平性的同时,实现中、高考教育功能对学生成长的个性化引领。中、高考的多元化包括两种情况:一是中、高考区域多元化,另一种情况是中、高考类别多元。作为一个教育大国,为了让中、高考适应不同区域的实际情况,国家通过中、高考命题权的下放,推动了中、高考在各省、市、自治区的区域多元化。从对于普通高中或高校招生来说,最主要的是要招到适合的学生。自主招生的关键是普通高中或高校要有享有部分招生的自主性。这样的话,普通高中或高校就可以"量身定做",制定符合自身发展特色的招生制度,并与其他高中或高校形成错位发展。因此,这要求进一步扩大高中或高校招生自主权,对于有特长或特色的毕业生通过自主招生的方式予以录取。同时,在普通高中或高校招生的过程中,还要进一步严格招生程序,多样化招生录取方式,除了推荐录取、特长录取之外,普通高中还可以通过面试、作品展示等方式为学生提供平台,以更好地录取到适合的学生。(3)逐步从中、高考学科测试转向中、高考学科能力考核,最终过渡到对学生学习能力评价。现实的中考、高考命题"拘泥于教学大纲,以'知识立意'为中心,轻视能力培养,助长了死记硬背的学习方法"。而对于中考、高考来说,其目的并不是测试谁掌握的学科知识更多,而是评价谁习得的学习能力更强。如果中考与高考仅仅停留在对学科知识的测试,对学习能力的评价还忽视或不关注时,中考与高考内容就只能从能力降格为学科知识,其也无法引领或指挥基础教育阶段的教育教学改革。因此,要真正恢复中、高考的本真功能,只是对学科知识的选择与组合还是远远不够的,还需要加强与提高中、高考对学生学习能

力的评价功能,既能够为高一级学校选择适合的生源,同时,也可以为学生的成长给予专业的教育引领。(4)设置职业指导课程,为教育分流疏通"出口"。中、高考制度是实现教育分流的重要手段之一。教育分流既符合社会分工和人个体差异的要求,也有利于全面实施素质教育。合理的教育分流,是面向全体学生,是"不求人人升学,但求人人成才",是使每个学生都获得成功的教育。教育分流是一种选择性分流机制。普通院校(高中)和职业院校,只是类型和特色不同,不存在高低好坏之分。因此,在初中或高中学校建议开设职业指导课程,该课程要立足学生的差异与优势,进行分类指导,因材施教;其关键之处在于使学生对社会分工与社会职业类型有初步的认识,并能够根据自身的潜能与特长,自主选择,合理分流。另一方面,从社会大系统来讲,当前,中、高考这一选择性教育分流制度在现实中经常充当的是淘汰性分流机制的角色,往往成了"一流"(普通教育)和"二流"(职业教育)的分水岭。因此,从社会大系统来讲,我们还要改革社会用人制度,为教育疏通"出口",使社会用人制度和教育体系形成良性互动,使社会的人才观与教育的人才观在本质上保持一致,从而使学校教育系统为社会发展培养大量的各级各类人才。

教师问题行为与学生心理健康关系研究

浙江大学郑全全教授主持的全国教育科学"十五"规划教育部重点课题"教师问题行为与学生心理健康关系研究"对教师集体效能感、父母体罚与儿童发展的关系进行了研究综述,在此基础上对下述四个问题进行了实证研究:(1)初中学生人际关系特点与自我意识关系;(2)高中学生的应激、应对与心理健康的关系;(3)教师问题行为;(4)教师问题行为与学生应激源、应对方式、心理健康之间关系。

课题组认为,教师问题行为的原因可归结为四个方面,即:社会背景因素、学校管理因素、教师个人素质因素和精神压力过大。据此,课题组提出以下五点建议。(1)必须努力提高教师的社会地位和物质待遇。这不仅可以稳定教师队伍,还能吸引优秀人才从事教育工作,进而为调整不适合从事教育工作的教师创造条件,并能促使广大在职教师严格要求自己,自觉克服问题行为,努力做好本职工作,使自己的行为符合教师的角色期待。(2)健全学校管理制度,建立正确的教育质量评价体系。教师出现的问题行为在某种程度上与学校的管理有关,因此,要健全学校的管理制度,明确教师的岗位职责与行为规范,使教师的工作有章可循。我们在调查中还发现,很多问题行为与应试教育条件下的质量评价体系有关,学校应适应素质教育的要求,切实转变观念,制定正确的教育质量评价体系。(3)转变观念,树立"以人为本"的教育理念。教育的根本目的是教学生学会做人,并以做人为基础使之成为各方面的有用之才。教育领域中的"以人为本",就是以学生为本,所有教育工作必须以学生为出发点和归宿点,教育的过程实际上就是教育引导学生的服务过程。要把"以人为本"的观念深入落实到各项教育工作中,只有树立"以人为本"的观念,我们才会更好地去尊重、关心、理解和信任每一个学生,而这种尊重和理解又会以学生学习兴趣加强的方式反映在教师教学质量的提高上。(4)学习和掌握现代教育科学的理论与方法,努力提高教师个人素质。当前有一些教师缺乏现代教育科学、心理科学方面的理论素养及相关知识,缺乏教育工作的科学观。师范院校要加强教育学、心理学课程的建设,使师范生在进入工作岗位之前就具有较为充分、扎实的教育科学理论与方法的知识基础。同时也要加大教师特别是青年教师在职培训力度,尤其是一些新的和经实践证明行之有效的理论与方法,如行为科学、心理咨询与教育、各学科新的教学方法、新的教育思想,等等,帮助教师更新教育思想及观念,掌握科学的教育教学方法和先进的技术手段,能够依据变化的情况,不断寻求适合教育对象的教育方案、方法和手段,敢于借鉴,勇于开拓,使自己的教育教学活动更科学、更完善。(5)努力提高教师心理调适能力。在现实生活中,总会遇到一些不愉快的事,作为教师,必须有较强的自我心理调节能力。消极的心境,容易使人做出不理智的事。情感是教育教学中的润滑剂,它不仅影响知识的传授,而且影响学生的个性发展。为了给学生创设良好的心理环境,维护学生的心理健康，教师要努力掌握调整自己情绪的方法，避免把不良的情绪带到教育教学过程中去。

青春期心理危机及干预研究

浙江大学边玉芳副教授主持的全国教育科学"十五"规划教育部青年课题"青春期心理危机及干预研究"对浙江省青春期心理危机的类型、表现、特征、诱因及干预现状进行了全面系统的研究。课题组研究发现，青春期心理危机的类型主要有人际关系、学习压力、暴力伤害、意外事故、情感挫折、网络成瘾、家庭纠纷、亲友丧失、财物失窃、性侵犯这十种；当青少年陷入心理危机后，主要表现有失败无望感、厌恶不满感、恐慌无助感、躯体性障碍和自杀意向；青春期心理危机在不同的性别、年级、城乡和家庭环境中存在显著差异。然而，学校对青少年心理危机的严重性仍未足够重视，缺乏对青春期心理危机的专业性干预。

通过对青春期心理危机干预研究的探索，课题组在青春期心理危机干预这一研究课题有了新的进展和突破。第一，对青春期心理危机的类型、表现、特征以及干预现状进行了全面系统的研究，并首次从实践层面以青春期的中学生这一特殊群体为对象来全面探讨青春期心理危机干预。第二，坚持发展优先、防重于治的干预策略，充分凸显了预防性心理危机干预的重要性。课题组认为，青少年心理危机干预工作首先应着眼于发展学生的良好的心理素质，注重维护与促进学生心理健康发展，而不能将工作重点仅仅放在心理出现问题的学生的矫正与治疗方面。在实践中应重点开展预防性危机干预，积极开展补救性危机干预，在分清主次基础上使两者有机的结合起来。有计划、有目的、有步骤地开展心理危机干预工作，使学生在预防性危机干预中不断提高心理素质，提高抵御不良心理的影响；使学生在补救性危机干预中放下包袱，早日走出心理危机误区，发展健康向上的心理。第三，立足学生心理特点和浙江省学校危机干预实际开展情况构建了全面的校园心理危机干预体系。在学校中建立了心理危机干预系统及以预防为主的心理危机三级预防机制，其三级预防概念如下：一级心理危机干预一般由班主任、任课老师、心理健康辅导员、相关校领导等完成，他们负责学生心理健康状况摸排工作，建立在校生心理健康档案并进行追踪观察，做到及时发现和掌握学生心理问题，及时开展预防和有效干预，及时报告异常情况；二级心理危机干预一般由专兼职心理健康教师和校医护人员完成，他们主要开展学生心理素质测查，提供心理辅导与咨询，实施校园危机事件的二级干预。三级心理危机干预一般由校外专家和专业医疗机构完成，他们对二级心理干预有困难的学生实施治疗或辅导。这为做到及早发现、及时预防、有效干预，防范自杀和伤害他人事件的发生发挥了重要作用。第四，创新性地建立以政府为主导的青少年心理危机干预系统，使心理危机干预做到适时、及时、富有针对性和高效性。心理危机干预系统是一个复杂的系统工程，应当有相应的制度保证。初步尝试建立将政府（温岭箬横镇政府）纳入学校心理危机干预的危机应对机制，并配有相应的机构承担组织协调工作，在危机事件发生前就逐步建立起危机应对网络，以便在危机事件发生时和发生后，能够调动、协调、整合社会力量进行及时、有效的危机干预。

课题组还通过进行个案干预，发现尽管不同青春期危机类型的事后干预有其特殊性，但是基本程序相同。课题组结合心理危机干预的方法和青春期个体心理发展特点，提出了青春期心理危机干预的基本方法。

艺术、发展和教育
——心理研究的整合及其在美术教育中的应用

首都师范大学唐斌博士主持的全国教育科学"十五"规划教育部青年课题"艺术、发展和教育——心理研究的整合及其在美术教育中的应用"运用文献法对国内外美术心理、发展心理、学习心理领域的重要研究成果,特别是与儿童绘画相关的研究成果予以了归纳、梳理和整合,厘清了在基础美术教育界对儿童美术心理存在的一些误区和矛盾,剖析了认知与儿童绘画的关系,肯定了认知对于儿童绘画的影响,并运用个案研究方法,结合观察法、访谈法、问卷法对认知风格对儿童绘画的影响进行了质的研究,确定了认知风格对于儿童绘画顺序、写实追求、线条运用、形象组合与分解等方面的影响,分析了深层的原因,同时根据研究结果提出了应用于美术教学中的相关建议。

关于儿童美术心理、发展和教育等相关理论研究方面,课题组认为,对于儿童绘画的发展,可以从三方面来思考:其一,从心理生物学观点出发,与人的自然发展阶段有关,儿童可依年龄而分为不同的阶段,其发展基本上是自然显现,或者在某些阶段的发展是自然呈现。具体到绘画,儿童在特定的年龄段内有特定的绘画表现。其二,由于文化、教育、个别差异等因素的影响,儿童绘画发展中呈现了线性发展理论所无法涵盖的多样性发展现象,这属于所谓的非普遍性发展范畴,从这一方面出发,显然儿童绘画的发展不是一种自然成熟的结果,而是与外在环境因素的运作密不可分。而且,儿童绘画可以说是一种社会文化学习,一种图形符号的学习,儿童可从同侪、大众媒体、成人的表现形式中借用所需要的意象,描绘物体和表达自己。其三,在这两者之间,也存在折中的看法,虽然绘画的发展是普遍性次序发展的过程,即从简单而趋于复杂的过程,但我们仍然需要检视社会与文化对于绘画表现所可能产生的影响。因此,我们在理解与分析儿童的绘画表现时,应考虑各种理论的不同倾向性。

儿童绘画反映儿童对世界的认知,儿童绘画的整个过程都需要儿童的认知来控制,儿童绘画的发展是一种认知发展的过程,在本质上也是认知。所以在儿童绘画乃至于设计、立体造型等活动中,我们需要更多地关注儿童美术活动中的认知,甚至需要通过对认知的关注去了解儿童在美术活动中的情感流露、价值观的表达和儿童对世界的认识。前认知理论对儿童美术表现类型的区分,以及后来的学者以认知风格为测查维度探讨认知风格对儿童美术表现的影响,可以加强对儿童美术的科学指导,有助于因材施教落到实处。所以未来需要加大儿童美术表现的差异性研究,差异性研究可以是文化差异的影响、城乡差异的影响、性格差异的影响、认知风格差异的影响、性别差异的影响等。这些差异性研究与普遍性研究能共同丰富对儿童美术心理和教育的理论研究。

关于不同认知风格影响儿童绘画的质的研究,课题组提出如下建议:(1)对儿童绘画提供帮助和支持,在考虑儿童绘画发展阶段的同时,也要考虑个体的认知风格的特点。(2)认知风格对于绘画活动的影响是多方面的,有利也有弊。如果存在不利于绘画活动的方面,就需要为个体提供适当的帮助。对个体所提供的帮助需要考虑两个层次的因素。首先是具有不同认知风格倾向的群体之间的差别。这一层次,较多的是根据认知风格的有关理论,把握各种认知风格类型的人的认知特点。其次,同一倾向性的不同个体之间,同样具有共性和个性的关系,这需要考虑个体的具体背景和实际情况。(3)美术绘画指导中培养个体灵活应用认知风格。同一维度上的两种认知风格不是对立的两极。个体之间在认知风格上表现出的是"度"的差异。在绘画学习过程中,不同的认知风格基本上都发挥作用,只是作用的大小不一样。美术绘画指导中培养个体灵活应用认知风格,不仅可以提高个体在具体绘画任务中的表现,同时还有助于提高个体的创造性水平。

高等教育中供应链形态的特殊性研究

北京化工大学马永红教授主持的全国教育科学"十五"规划教育部青年课题"高等教育中供应链形态的特殊性研究",采用多学科融合的思考方式,借鉴企业供应链的概念,提出高等教育供应链的概念,重新描述高等教育的形态并提出高等教育供应链的特殊类型形态。通过不同历史阶段的高等教育的关键形态的变化,描述不同阶段不同类型的高等教育的形态及其差异。从本科和硕士两个层次实际考察所提出的高等教育供应链概念和形式在高等教育实际问题中的应用及其解决问题的效果。

课题组研究指出，虽然高等教育的供应链相较于企业供应链具有特殊性，但仍可以进行节点、形式和运行方式的表征；高等教育的发展历程和运行可以借鉴供应链的形式进行描述。本科高等教育供应链的供应节点与采购节点之间、采购节点和就业需求节点之间出现明显断链。各个节点对学生就业需求的响应明显不一致，但需求响应能沿高等教育供应链加工方向逐渐地增长。教育培训节点按教育机构和学生主体这两条分链对需求产生不同响应。教育机构分链必须通过学生自建构行为中的专业爱好因素来间接影响学生就业需求。

课题组通过对专业学位研究生教育供应链的研究发现：在我国对最终需求（企业需求）出现了"过度响应"，而对最终需求（个人需求）较为漠视，学校教育包的功能未能正常释放，课程设置的规范性、稳定性较弱。

基于以上结论，课题组提出以下建议和对策：(1)对于整体高等教育的宏观和中观运行可以采用高等教育供应链的视角来进行考察；对于容易受到社会需求影响而产生较大波动的微观运行（如新兴学科和专业、工程技术应用类型学科和专业、继续教育体系、职业技术培训类型高校等）可以采用高等教育供应链的视角来进行考察。(2)重视学生在接受高等教育的整个流程中高等教育供应链各节点的流畅状况以及各节点对学生可能产生的影响。建议高等教育机构和中学教育机构共同努力，将这条高等教育供应链的起点延伸至高中教育。将高中学校作为供应商，加强大学和中学之间的相互了解和对相互需求的响应；其次，高校作为链条上的核心"企业"，应该及时掌握社会需求，并将需求信息共享给供应节点。也就是说，社会对人才的需求能够使高校（制造商）和高中（供应商）同时共享，要达到这样的效果，链上核心企业——高校应主动向供应节点提供需求及制造信息，使高中这一"供应商"提供的学生在进入到高等教育供应链中参与被"加工"的活动之前，就已经了解自己未来想要成为何种"产品"，即了解自己的学术方向、对自身未来的发展目标有较明确认识。此外，学校教育应该引导学生在学习期间进行职业探索，明确自己的发展方向和职业规划。(3)应高度重视学生在高等教育供应链运作中的自构建能力的作用；注重教师在学生自建构过程中的重要的引导角色。(4)建议在我国工程硕士专业学位建设中，专业学位教育供应链应该强调进行"适度的需求响应"。(5)强调专业学位教育供应链以及高等教育供应链均应保持教育节点在供应链中的核心地位，建立学位标准，保持教育包的规范稳定性和教育供应链健康运行。

课题组研究指出，教育节点是核心，它的标志是教育包（教育品牌）的规范稳定，各个教育培养环节都要遵循教育规律和标准。专业学位是专业教育的最高层次，是向学生传授"高深学问"的，是一个成熟职业所蕴涵的科学与技术的集成和传承，是从工程实践中提炼出的知识和能力的训练，但它绝不是"职业培训中心"。构建各工程领域的学位标准，规范工程硕士专业学位获得者的业务要求，包括知识结构、能力要求和素质要求，以保持教育包的规范稳定性，从而从源头保证专业学位的教育供应链运行质量。

合并高等学校发展现状抽样调查研究

长安大学马建教授主持的全国教育科学"十五"规划教育部重点课题"合并高等学校发展现状抽样调查研究"认为目前合并高校存在以下主要问题：(1)多校区管理与资源共享及节约型校园建设的问题。(2)办学规模扩大与提高教育质量和水平的问题。(3)保持办学特色与办多科性或综合性大学的问题。(4)"贷款圈地"引起合并高校的财务危机的问题。(5)打造大学软实力与建设硬实力的问题。

课题组对当前合并高校发展的主要特点与管理模式进行了分析，认为高校合并对我国高等教育的发展产生了五个方面的影响：(1)推动了高等学校内部管理体制的改革。(2)理顺了高等院校隶属关系。(3)促进了高校后勤管理体制改革。(4)促进了大学经营理念的建立。(5)奠定了孕育世界一流大学的基础。

课题组在上述分析的基础上对合并高等学校发展进行了合并高校实质性校园文化融合的研究、合并高等学校学科融合的分析研究、合并高等学校多校区管理模式研究以及合并高校提高办学效益的研究4个专题研究。课题组在调查与分析研究的基础上,总结与分析了我国合并高等学校的调整改革与融合发展的现状,并找出了合并高等学校存在的主要矛盾与问题,提出了解决途径与措施,对合并高校校园文化、学科建设、多校区管理、办学效益等方面进行了专题研究,为促进合并高等学校健康发展,为我国高等教育的改革和发展提供了参考与决策依据。

儒学教育传统与政治文明研究

华南师范大学黄明喜教授主持的全国教育科学"十五"规划教育部青年专项课题"儒学教育传统与政治文明研究"认为,儒学教育传统与政治文明之间包含如下几个方面:(1)儒学教育社会化的理论基础与基本形态。儒学教育以人性论为理论基础,期许为人的社会化教育提供一个内在合理的理论依据。儒学教育社会化的基本形态有君主教育的儒学化,士人培养及选拔的儒学化,民众教育的儒学化。儒学教育社会化在两千多年的历史进程中既富有创新精神,亦不乏保守力量。儒学教育社会化作为儒学实现德治的生命线,是维系中国古代封建统治的重要支柱,也是促进中国古代社会文明发展的一块基石。(2)儒学教育传统的学术人格。儒家教育是在我国传统中占有主导地位的教育,自孔子创立儒家学派经其弟子及再传弟子的发扬光大而在我国绵延不绝地存在和发展着。伴随着儒家教育的发展,在各种各样的教育实践活动中,教育家的学术人格也在逐渐定型和完善,形成了儒家教育传统的学术人格,即述而不作、严谨求实、返求诸己和慎独创新。(3)儒学教育传统的政治品格。德治思想、民本思想、礼治思想,在儒家完全是一贯的。儒家的政治境界,是人生的最高境界。至善是儒家人生的归结,也是儒家政治的归结。德治思想的理想主义与现实政治的冲突,使得知识分子一生只能在两条道路上行走:一条是少数人若对现实政治不满,只有当隐士;另一条则是一生奔竞于仕途。儒学教育的终极追求——"天下大同"的理想政治。理想政治的实现途径——从"善教"到"善政"。理想政治的不竭动力——知识群体的使命感。(4)儒学教育传统与古代及现代政治文明建设的关系。儒学教育传统锻造了知识分子独特的政治品格,成为中华民族品格的重要组成部分。对于和谐社会及其构建而言,儒学教育传统倡导的"公"总是意味着个体、群体的同生共荣,意味着公与私、义与利等的相生相息。以公民身份为前提、以公域与私域的区分为基础、以丰富人性和提升人的精神境界为终极追求,构成了当代"公"的观念的丰富内涵。儒学教育传统有利于培育面向公民社会的"公"的观念。

基于上述问题,课题组从历史发展和理论联系实际的视角,力图以马克思主义唯物史观为指导,坚持史实与逻辑相统一,多层面地对儒学教育传统与政治文明发展之间内在的联系进行探讨,在理论上辨别以伦理政治为基本内容的儒学教育传统的精华和糟粕,着重探讨儒学教育传统理念的整合及其政治文明现代转化问题,为我国现代社会政治文明建设提供可资借鉴的历史资源。课题组得出如下研究结论:(1)儒学教育传统与政治文明的发展性,即儒学教育传统是随着不同历史时期政治的发展而发展的,同时它又对当时政治实践起到理论的指导作用。(2)儒学教育传统与政治文明的辩证性,即儒学教育传统不仅与中国古代政治文明发展息息相关,而且与中国现代政治文明的变革也存在千丝万缕的联系,应对儒学教育传统与政治文明特别是现代政治文明之间的对立统一关系问题有清醒的辩证认识。(3)儒学教育传统与政治文明的整合性,即儒学教育传统与政治文明之间是相互联系、相辅相成的,可为现代教育与政治文明发展提供富有价值的启示。

"顶岗支教实习"学生知识、技能的调查及对岗前培训的启示*

张海珠

(山西师范大学)

一、问题的提出

国家"十一五"规划强调指出,"十一五"期间解决好"三农"问题仍然是国家工作的重中之重,明确提出了建设社会主义新农村的重大历史任务。农村基础教育担负着提高农民的文化素质、科学素质、专业技术素质和专业技术能力的重任,农村基础教育的成败直接影响着社会主义新农村建设的步伐。高师院校作为基础教育师资的培养者,熟悉基础教育、研究基础教育、服务基础教育、引领基础教育,积极投身于社会主义新农村建设是其义不容辞的重要职责。

"顶岗支教实习"是山西师范大学教师教育改革的一项重要举措,是山西师范大学落实教育部《面向 21 世纪教育振兴行动计划》和山西省《关于在全省实施科教兴乡、兴县工程的意见》精神、服务于农村基础教育的一个具体行动。"顶岗支教实习"是指在农村建立长期稳定的"实习基地",选派师范生到农村中小学顶岗实习,同时对置换出来的"换岗教师"进行培训。它既可以提高"顶岗支教实习"学生的从教技能,又可以对"换岗教师"进行新课程教学的培训,是山西师范大学和地方政府双赢的一个重要举措,是山西师范大学改革人才培养模式、提升本科教育质量、提高学生实践能力的重大研究课题。

目前,山西师范大学的"顶岗支教实习"活动已经受到地方政府和基础教育一线教师的高度评价和热烈欢迎。在三批的"顶岗支教实习"活动中支教学生虽然进行了高强度的岗前培训,但是,培训课程的设置、培训内容等还有待进一步研究。本文拟通过调查"顶岗支教实习"学生知识结构和教学技能需求情况,了解"顶岗支教实习"学生的知识结构现状和实践性知识掌握情况,构建"顶岗支教实习"学生岗前培训的课程内容体系。

二、"顶岗支教实习"学生知识结构的调查研究

(一)调查目的和内容

"顶岗支教实习"学生作为教师,必须具备从事教师专业工作所要求的知识结构[1]。完善的知识结构是保证教学有效进行的基础。通过对"顶岗支教实习"学生知识结构的调查研究和分析,探讨"顶岗支教实习"学生的知识掌握现状,进而探讨"顶岗支教实习"学生岗前培训的内容和有效方法。

(二)调查方法

1. 问卷的编制

在借鉴教育研究者对教师知识结构分类研究的基础上,设计了《高师院校顶岗支教实习学生知识结构调查问卷》,问卷包括四大类知识:本体性知识、条件性知识、实践性知识和一般文化知识。为了进一步了解"顶岗支教实习"学生对各

---

*本文是教育部人文社科规划课题"基于'合作研究共同体'的职前职后教师专业发展一体化研究"(课题批准号:09YJA880080)成果之一。

[1] 申继亮、李琼:《从中小学教师的知识状况看师范教育的课程改革》,《课程·教材·教法》,2001(11)。

类知识的掌握情况,又把四类知识进行了细分,设置为11个项目,21个问题。学生按照其对每项知识的掌握情况分为非常丰富、比较丰富、一般、较差、很差五个等级,分别赋于5、4、3、2、1的分值。

2. 被试

选择山西师范大学第二批"顶岗支教实习"的261名大四学生进行调查,发放《山西师范大学"顶岗支教实习"学生知识结构调查问卷》261份。回收问卷261份,有效问卷260份。有效率99.6%。

3. 问卷统计

对回收的问卷用SPSS14.0统计软件进行统计分析,并得出其平均值。

(三) 调查结果及分析

首先对四大类知识的掌握情况进行数据分析(结果见图1)。从图中可以看出,四大类知识中,学生掌握最好的是本体性知识,其次是条件性知识,然后是一般文化知识,掌握最差的是实践性知识。

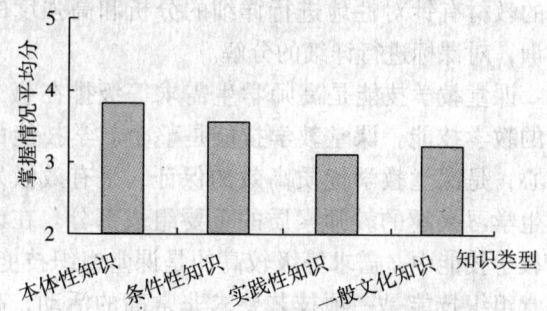

图1 高等师范院校学生四大类知识掌握情况图

实践性知识是教师在开展有目的的教育教学活动过程中解决具体问题的知识,是对本体性知识的传接起实践性指导作用的知识。从调查结果看,学生对实践性知识的掌握最差,可能由于学生在平时的学习中很少有机会接触实际课堂,不知道课堂中会出现什么偶发事件以及如何处理这些事件、如何有效地组织管理课堂教学;而且不了解学生的生活实践,不知道如何根据学生的生活实际情况来处理教材、进行教学;不清楚如何根据学生的课堂表现来及时地调整教学内容,从而实践能力差,缺乏应变能力。因此,在培训课程的设置中增加了《实践课和观摩课》的教学,目的是使学生熟悉中学课堂教学,进一步强化学生的课堂教学技能训练,使学生能够尽快、尽早转变角色。

本体性知识是指教师所具有的特定的学科知识[1],如语文知识、数学知识、生物知识等,这是人们普遍熟知的一种教师知识,是教学活动的实体部分。亚里士多德曾指出"唯有知者才能教"。的确,教师要"授业",首先必须有扎实的专业功底。由于受"专业知识扎实就能做好教师"的传统观念影响,高师院校一般都比较注重学科专业知识的教学,学科专业课程比例过大,实践性课程和教育理论课程比例过小。因此,学生的本体性知识比较丰富是必然的。这一点通过支教学校领导、支教学校老师、支教学校学生对"顶岗支教实习"学生的评价可见一斑。因此,在"顶岗支教实习"学生岗前培训课程的设置中没有安排专业课程的培训。

条件性知识是指教师知道在什么时候、为什么以及在何种条件下能更好地运用原有知识、经验开展教学的一种知识类型,具体地说,就是教育学、心理学知识,是对本体性知识的传接起理论性支撑作用的知识[2]。从调查结果以及支教学校领导的反馈中发现,"顶岗支教实习"学生对条件性知识的掌握较差,尤其是在理论与实践的转换上还存在一定的难度,不知道如何用教育学、心理学知识来有效的指导教学。因此,在"顶岗支教实习"学生岗前培训课程的设置中安排了几次专题讲座和实践教学,目的是让"顶岗支教实习"学生尽快完成理论知识与实践教学的有机结合,完善"顶岗支教实习"学生头脑中的知识组织形式。

一般文化知识是指教师应具备的专业以外的广博的文化知识。以广博的文化知识作基础,教师的教学活动才会有创造性,才会形成自己的教学风格。广博的文化知识是长期内化的结果,因此,在培训课程的设置中没有专门涉及这部分内容。

三、"顶岗支教实习"学生教学技能需求等级的调查研究

(一) 调查目的和内容

通过对"顶岗支教实习"学生知识结构的调

---

[1] 教育部师范教育司编:《教师专业化的理论与实践》,人民教育出版社2001年版。
[2] 马笑霞:《现代语文教师的知识结构》,《中国语文教学》,2003(11)。

查研究发现："顶岗支教实习"学生的知识掌握最差的是实践性知识。教学技能是实践性知识的一部分,教学技能的高低直接影响着教学效率。通过对"顶岗支教实习"学生教学技能需求等级进行调查研究和分析,探讨"顶岗支教实习"学生教学技能的需求情况,进而探讨"顶岗支教实习"学生岗前培训的内容和有效方法。

（二）调查方法

1. 问卷的编制

在借鉴教育研究者对教学技能概念研究的基础上,依据《高等师范学校学生的教师职业技能训练大纲》[①]的要求编制了《高师院校顶岗支教实习学生教学技能需求情况调查问卷》(包括教学设计技能、使用教学媒体技能、课堂教学技能、组织和指导课外活动技能、教学研究技能五大类)。为了更进一步了解五大类教学技能的具体需求细目,借鉴澳大利亚悉尼大学的教学技能分类、郭友[②]教学技能分类以及孟宪恺的教学技能分类等,把五大教学技能分解成27个小项目。

2. 被试

选择山西师范大学第二批"顶岗支教实习"的261名大四学生进行调查,发放《高师院校顶岗支教实习学生教学技能需求情况调查问卷》261份。回收问卷261份,有效问卷257份。有效率98.5%。

3. 数据处理

"顶岗支教实习"学生对每项教学技能的需求程度依据需求高低依次选择A、B、C、D、E五个等级,分别赋于5、4、3、2、1的分值,运用SPSS统计软件进行数据处理及分析,算出教学技能需求等级平均值。

（三）调查结果及分析

首先对五大类教学技能进行数据分析（见图2）。从图示中可以看出："顶岗支教实习"学生的教学技能需求等级最高的是教学设计技能,其次是课堂教学技能。教学研究技能、课外活动技能和使用教学媒体技能需求等级不高。

在需求等级最高的教学设计技能中,教学重点和难点的确定是需求程度最高的,其次是教学目标的设计、教学内容的组织、教学方法的选择。说明高师学生对"教师"这一职业有了理性的思

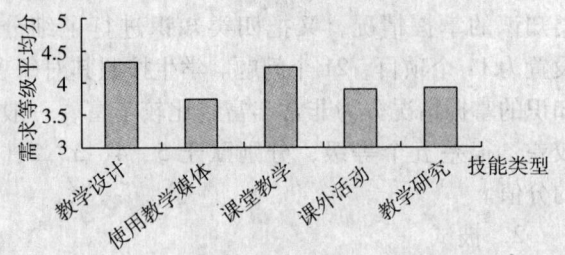

图2 教学技能需求等级结果

考,对教学工作属于"创造性的劳动"有了深刻的理解。他们认为：教学重点和难点的确定不是随意的行为,教学目标的设计不是简单的照搬教学大纲或课程标准,教学内容的组织不是专业知识的堆积。对教学设计技能的需求提高标志着"顶岗支教实习"学生对教师职业的满意度、认同度的提高。岗前培训时加强教学设计技能的训练是非常必要的。因此,在培训课程的设置中加强了《课标解读和教材分析》的教学,并由山西师范大学聘请的基础教育一线的特级教师来承担教学。特级教师们对"顶岗支教实习"学生支教年级的教材有针对性地进行详细的分析和高强度的培训,对课标进行详细的分解。

课堂教学技能是高师学生需求等级排在第二位的教学技能。课堂教学技能是整个教学技能的核心,是课堂教学优质高效的保证,是有效激发学生学习兴趣的教师素质的重要组成部分。在课堂教学技能中,需求等级较高的是课堂组织技能。课堂组织技能是一项技艺要求非常高的活动,高等师范学校的学生由于教学经验的缺乏,技能培训的弱化,使得课堂组织技能较差,需求偏高。课堂教学的其他技能例如：语言表达技能、课堂导入技能、提问技能、反馈强化技能、板书技能、教态变化技能、教学偶发事件应变技能、演示技能和概念讲解技能等需求等级也不低,需求等级平均分都达到了满分5分的80%以上。说明学生对课堂教学技能的整体需求是很高的。岗前培训时加强课堂教学技能的训练是非常必要的。因此,在培训课程的设置中加强了《教学技能微格训练》的教学。这门课程由山西师范大学各专业的课程与教学论老师来承担,目的是提高"顶岗支教实习"学生的教育教学技能。

---

① 李春密、王丽芳、李多：《新课程理念下中学物理教师对教学技能需求情况的调查研究》,《课程·教材·教法》,2006（9）。

② 郭友：《新课程下的教师教学技能与培训》,首都师范大学出版社2004年版。

教育改革与发展的多维审视

《教育研究》杂志社

走过不平凡的 2009 年，我们迎来充满希望的 2010 年。伴随从教育大国向教育强国、从人力资源大国向人力资源强国的迈进，我国教育新的阶段性特征愈发凸显，一系列新情况新问题亟待分析与破解。教育研究更加关注社会经济发展以及教育发展的实际，关注教育改革和发展中的重大理论与现实问题，取得重要理论进展，对教育实践产生重要影响。

一、教育改革的目标与方向

中国的特殊国情决定了中国教育问题的复杂性和教育改革任务的艰巨性。随着《国家中长期教育改革和发展规划纲要》的制定，教育将进入新的发展阶段，教育改革已进入深水区。2009 年，针对教育改革进程中出现的问题，专家学者们积极建言献策，以加快推进教育改革创新。

（一）"办好人民满意的教育"是教育改革的方向

近年来，"办好人民满意的教育"这一提法时时见诸不同媒体，不仅为党和国家领导人所积极倡导，而且成为"两会"代表、委员们热议的话题，甚至被写进党的十七大报告。学者们把"办好人民满意的教育"提升到理论层面进行思考并指出，作为教育改革与发展的基本努力方向和总体性要求，"办好人民满意的教育"是构建和谐社会与教育坚持科学发展的内在要求，具有重要的社会意义和教育意义。在当前条件下，"办好人民满意的教育"需以科学发展观为指导，增加和保障教育投入，创新和完善教育制度安排，优化和提升教育运行质量。

（二）体制改革是教育改革的关键

改革是建设中国特色社会主义教育的必由之路，在现阶段，体制改革是教育改革的关键。有学者指出，教育体制改革的基本问题是正确处理政府、社会、学校之间的关系，逐步形成政府宏观管理、社会有效参与、学校自主办学的教育新体制。因此，建立政府办学为主、社会参与办学、公办教育和民办教育共同发展的办学体制是教育满足社会多样化需求的必然选择。还有学者认为，探索新时期政府与学校关系的重建，需要把握二者关系重建的制度环境，重视制度在政府与学校关系重建中的地位与作用。制度创新是新时期政府与学校关系重建的基本路径。城乡教育二元结构问题，一直是教育改革举步维艰的一个原因所在。破解城乡教育二元结构，推进和实现城乡教育一体化必须从改革制度入手。为此，有学者指出，应建立城乡一体的学校办学条件标准，强化教育督导中的"督政"环节，实行严格的问责制度，把推进城乡教育一体化纳入到政府绩效考核、官员施政约束的评价体系中。

（三）教育改革的方法与路径

教育政策的制定直接影响到教育改革与发展的方向及进程，而教育咨询在教育政策制定过程中起着十分重要的作用。有学者指出，教育改革要避免基于本质主义与二元对立的逻辑、立场与单向度思维方式，以免教育改革因"钟摆式"动荡而陷入困境。有学者提出建立教育政策咨询委员会的主张，以有效发挥教育咨询在教育决策中的作用，建立更加完善的教育决策程序与机制。也有学者认为，必须采取营造风险文化、呼唤决策伦理、建立多元参与的教育政策制定体系等措施，来防范和减少教育改革带来的风险。还有学者分析指出，根源于"有限理性"的渐进改革是适合植根于中华文化基础上的中国教育改革现实的一种有效选择，具有激进和保守两种改革倾向不可比拟、不能超越的合理性。

二、教育公平的重点与实施路径

坚持教育的公益性，保障公民公平享受公共教育资源，是我国的基本教育政策。2009 年，伴随教育改革和发展的不断推进与深化，特别是针对长期形成的体制机制性障碍，专家学者就教育公平的重点和实施路径问题展开了新一轮深层次的探讨。

---

* 本文是 2009 年中国教育研究前沿与热点问题年度报告。

（一）教育公平是社会公平的基础

接受公平教育是法律赋予全体公民的基本权利，与每个人的一生命运息息相关。教育公平的本质是将教育无法控制的那部分变量排除了之后，只考虑教育系统自身的变量对学习成绩所造成的影响是平等的。教育结果公平作为一个量化的指标，不仅可以评价教育结果本身，还可以对教育起点、教育过程进行评价和衡量。有研究发现，教育对社会的贡献不单单体现为对经济增长的促进作用，同时还有一个更深层次的作用，即作为一种重要的代际流动机制，承载着促进社会流动、保证社会公平和维系社会稳定的功能。因此，国家在大力发展教育的同时，应该更加重视教育平等化，创造更加平等的就业机会，最终促进社会公平。

（二）教育公平的重点：城乡教育一体化、区域教育均衡发展

党和政府高度重视促进教育公平，近年来，我国在教育公平方面迈出了重要步伐。但不容回避的是，教育差距仍不同程度存在。首先是东西部农村义务教育发展存在巨大差距。义务教育均衡发展是我国教育的重中之重，是推进教育公平的重点领域。要从不同层面明确义务教育均衡发展的整体目标，制定国家办学标准。其次是区域内城乡教育差别。城乡教育结束分割发展状态逐步向城乡一体化转变，是教育发展的必然要求，也是一个长期目标。

（三）教育公平的途径：科学规划布局、优化资源配置

我国幅员辽阔，区域教育差异较大，迫切需要开展区域教育研究。为实现公共教育财政资源在地区间更有效和更公平的分配，政府应在教育财政资助设计中充分考虑各种相关因素对于地方教育财政支出的影响，以及地方政府在接受财政资助后可能产生的财政反应。优化教育资源配置，促进优质教育资源向西部农村义务教育倾斜和流动，是推动西部农村义务教育向更高层的公平和均衡发展迈进的关键。

在推进教育公平的进程中，政府负主要责任，应以发展促进公平、以制度建设保障公平、以规范管理维护公平，其根本手段和方法是科学统筹。具体措施应着力于：缩小城乡教育差距促进农村学生受公平教育；缩小区域教育差距促进中西部学生受公平教育，促进职业学校学生受公平教育；缩小校际差距办好每一所学校；缩小群体差距教好每一名学生；建立促进教育公平的长效机制。

三、从战略高度重视培养创新人才

党的十七大报告提出，"国家发展战略的核心"是"提高自主创新能力，建设创新型国家"。而要实现这一战略，必须"努力造就世界一流科学家和科技领军人才，注重培养一线的创新人才"。科学大师钱学森一直非常关心创新型人才培养问题。他去世后，"钱学森之问"成为人们关注的焦点。深化教育改革，培养创新型人才，成为教育研究的时代课题。

（一）深化基础教育改革，为创新型人才成长夯实基础

基础教育要注重特色发展，为创新型人才成长夯实基础。有学者认为，中国基础教育在初步实现均衡发展之后，下一步发展的路径应是"特色发展、文化育人"。创建和实现多样化、个性化、有特色的教育，是新的教育哲学理念，是未来中国教育发展的方向。

要以培养学生创新精神和实践能力为重点深化基础教育课程改革。有学者认为，基础教育课程改革要紧密联系社会发展、科技进步和学生社会生活实践，优化课程结构。保证地方课程与校本课程的自主权和选择空间，积极稳步推进初中阶段的综合课程、高中阶段的选修课程建设，构建有利于促进学生创新精神和实践能力培养的基础教育课程体系。

基础教育教学改革要借助思维科学研究的成果，注重人的思维的全面和辩证的发展。有学者介绍了钱学森的有关主张，一是改变只注重知识传授和知识积累的传统教育方式，尽早引入抽象思维的教育；二是要学会运用形象思维去解决抽象思维所不能解决的实际问题；三是纠正学科分割与疏离的弊端，做到整体思维、专博结合；四是坚持学术民主，激活"集体思维"。

（二）创新高等教育，加快创新型人才培养

高等教育需要更新人才培养观念。有学者指出，大学人才培养观念的更新，一是回归大学的观念理性，坚持以生为本的办学理念；二是守护大学的理想主义，培养有社会担当精神的人；三是按人才成长规律教学，培养创新型人才。

高等教育要以创新人才培养为导向。有学者认为，培养创新型人才的大学教学活动基本特点为：教学活动的研究取向，教学活动的独立取向，教学活动的实践取向。因而，大学教学要关注学生的"学习自由"，构建加强基础、重视跨学科的

课程体系，形成课堂学习的讨论、研习之风，提高实践教学的研究性。

（三）注重特殊人才培养，促进拔尖创新人才脱颖而出

重视儿童早期潜能开发。加强对学前儿童和小学低年级学生的测试、培育和跟踪研究，及早发现儿童的特殊潜能。有学者提出，超常人才培养要以"健全人格+才能出众"为努力目标，以"智力与非智力、左脑与右脑、学业与心理、显能与潜能、加速与加深的和谐互动教育"为结构要素，以兼顾天赋儿童和特殊才能儿童为基本原则。

四、教育如何应对金融危机带来的挑战

2009年由美国次贷危机引发的金融危机波及全球，对我国也产生了影响，使我国高等教育、职业教育的发展受到挑战。如何积极应对，促进我国教育的可持续发展，既是重大的理论问题，也是紧迫的现实问题。

（一）加快高等教育改革

金融危机对我国高等教育造成了深刻影响，应审时度势，有效化解金融危机带来的不利影响。有学者指出，应及时采取措施，善于发现、把握和利用机遇，如转变大学生的就业观念，开辟西部、农村、基层的就业通道；促进高校调整专业结构，培养适应就业市场的应用型人才。有学者认为，高等教育应积极调整和优化教学和科研结构，在政策上加大民办高等教育的发展空间，为国家和地区经济增长作出更大贡献。

面对金融危机的影响，还有学者提出了防范高等教育投资风险的思路，如优化高等教育规模，改革高等教育管理体制，完善劳动力市场，促进大学毕业生就业，并使政府决策者和广大民众树立高等教育投资的风险意识，从而使高等教育投资具有更高、更长久、更稳定的经济回报。

（二）推进职业教育发展

在金融危机的影响下，职业教育面临着挑战，同时也面临着很多机会。有学者指出，应进一步明确和强化职业教育的战略地位；加快构建中国特色的现代职业教育体系；根据市场需求改革课程体系与教学模式。还有学者指出，职业院校要积极应对产业升级和变革，对人才培养目标和标准作出战略调整，提升职业教育的整体办学水平，造就大批新型技能型人才。

就区域职业教育发展问题，有学者指出，应积极创办县域中等职业学校，鼓励社会力量参与农村职业教育，推行城市与农村对口支援、合作办学，充分盘活大中城市的职教资源，推行农村职业教育券制度，开展将农村职业教育纳入义务教育体系的试点等措施加快农村职业教育发展。

（三）提升大学生的创业精神和创业能力

面对金融危机对大学生就业产生的不利影响，针对就业压力日益严峻与大学生创业意识薄弱现象，有学者提出，加强高校创业教育，提升当代大学生的创业精神和创业能力，是从根源上解决就业难问题的有效途径。对此，应加强创业教育师资培养，建立创业教育课程体系，以立体创业教育观指引创业教育发展。有学者提出，应开设各种类型的创业课程，增加创业实践机会，鼓励和支持学生在学校期间进行自主创业；高校创业教育应该重视学生自信心的培养，培养大学生的创业精神。加强大学诚信教育的针对性和实效性，形成学生对自我更积极的认识，促进大学生的健康发展。

五、探寻高等教育强国之路

高等教育与国家核心利益休戚相关，大学对国家和地区经济发展有巨大的促进作用。因此，建设高等教育强国成为实现国家利益的必然选择，是国家发展的战略任务。这一新的历史使命，意味着一种新的理念正在打开中国高等教育战略设计的视野。

（一）高等教育强国的意义与内涵

当前，我国高等教育事业进入了新的时期，提出和推动建设高等教育强国的基础和条件已经基本具备，时机已经成熟。建设高等教育强国成为建设创新型国家和建设人力资源强国的重要组成部分，是我国高等教育发展的正确方向和唯一选择。高等教育强国的指标主要有两个：一是在国际高等教育中的影响力，包括高端性、关注度与话语权以及独特性；二是在国家发展中的实际作用，包括重视度和依存度。具体分为五个方面：规模指标、质量指标、结构指标、投入指标和观念指标。

（二）高等教育强国的战略任务

高等教育强国建设需要着力建设高等教育发展国家保障体系。一是创新教育科学理念与强化高等教育研究。理念创新是改革的先导，从历史与现实中把握未来是探索建设高等教育强国理念体系的先决条件。二是建设世界一流大学，做强区域高等教育。高等学校的定位、特色发展都要围绕提高质量这个中心任务，应加强各种类型高

校的学科与专业建设。三是改革人才培养模式与优化学科专业。提高教育质量的关键在于深化人才培养模式改革。目前高校人才培养模式中所存在的问题与人才培养模式运作逻辑上的缺陷有关,解决应从人才培养的价值和技术、教育教学活动与体制机制以及培养模式等层面入手。

(三) 高等教育发展水平与绩效评价体系

随着高等教育规模的扩大和功能的日益完善,高等教育系统越来越复杂,揭示高等教育发展客观性的难度也越来越大。完善高等教育发展水平的指标体系,利用高等教育发展层次指数、平衡指数、开放指数、需求率、实益率和结构指数等新概念对高等教育发展水平进行评价,可以较清晰地描述高等教育发展的水平状态。同时,大众化和民主化必然带来高等教育评价体系的结构多元化和价值冲突。应该充分调动和发挥政府、市场和高校自身的力量,建立良好的高等教育评价范式,实现价值协调。作为大学评价的一种显性表达方式,大学排名引起了社会各界的关注。当前大学排名普遍存在的静态排名有一定的局限性,故应使用纳入态势的大学排名的动态模型,并用算例进行验证和说明。而以高校利用办学资源实现其职能的效益为评价标准的高校绩效评价方法,则是对高校资源利用状况的一种客观反映,旨在促使高校在努力争取资源投入的同时,重视资源的合理配置和管理,提高资源利用效率。

六、课程与教学改革的理想与现实

课程与教学改革始终是教育改革的重要内容。2009 年,课程改革的理想与现实、教学论学科的发展走向成为热点,关注学生的整体性发展成为课程与教学研究的共同主题。

(一) 课程改革的理想与现实

课程改革必然要提出理想的课程,实施理想的课程必然会涉及教学问题,实施理想的课程必须尊重实践的教学可能性。因此,要使课程与教学改革行走在理想的课程与教学的可能性之间。在课程改革过程中,需要科学认定课程问题,准确提出改革目标,完善目标预设机制,以提高改革目标的质量,促进改革目标的实现。课程的弹性化追求从本质上需要学校及教师有权确定适合各自变革的具体进程,因此有学者提出要以"可能性"、"操作性"、"匹配性"这三个标准作为主要指标,确立课程改革的"可行变革区"。

有学者指出,课程改革提出来的新理念只有得到一线教师的认同、理解并且转化为相应的教学行动,才能获得真实的改革成效。因此,要重视教师在课程教学改革中的关键性作用。

(二) 教学论的学科发展走向

当前,我国教学论学科正处在一个走自主创新道路的关键转折点,必须走出传统范式,真正切入理论的原点和实践的原点,实现学科本身的理论创新和方法创新。在研究主题上,应对教学论思想和流派作深度研究,加强教学论基本理论与学科教学论之间的深度合作;在学科建设与发展上,应促进教学论学科发展与社会发展进程的匹配,提高教学论学科的"有效供给";在研究功能取向上,应加强系统、有深度、有广度的本土建构性研究;在研究主体上,应加强研究主体之间的深度合作,构建教学论研究相对稳定的学术共同体;在研究方法上,应强调多元化方法的应用;在研究影响度上,应提高研究的信度和效度,提升研究成果的学术影响力。

(三) 课程与教学要关注学生的整体性发展

当代课程是基于学生的主体性而在预设的课程计划、课程标准和基本教材的基础上动态生成的,用以引导学生能动学习、主动发展的方向。教学则应是在一定培养目标指引下,教师和学生以课程为指南而进行的教与学双边互动的育人活动。

观照人的生命整体,促进人的整体性发展,是教育教学最为重要的任务之一。为此,从人学立场关注人的整体性存在,把三维目标当做思考课程与教学目标的一条重要原则,从人性角度确认知识门类对人的整体性发展的重要价值,并在教育教学实践层面关注作为整体人的体验学习,便成为深化课程改革不得不进一步考虑的重要问题。

七、发展学前教育的重要意义

学前教育是国民教育体系的重要组成部分,是基础教育的基础,对巩固义务教育的成果,提高义务教育的质量和提高国民素质具有重要意义。在教育事业得到快速发展的今天,如何发展学前教育成为国家重视、社会关注、人民群众关心的教育热点,也是教育理论研究的热点。

(一) 学前教育是奠基性事业,具有极高的个人和社会发展价值

学前教育是幼儿入小学前的准备,为九年义务教育的实施奠定基础。有学者指出,学前教育关系到儿童健康、社会性、情感和认知等领域的

长期发展。优质的学前教育不仅对幼儿及其家庭有利,更具有重要的社会经济价值,还有利于降低犯罪率和改善公民的健康状况和生活质量,从而节约公共行政、司法、医疗和福利开支,是一种高回报的人力资本投入。有学者认为,除了能体现促进社会政治、经济、文化、人才等方面发展的宏观价值,学前教育还能体现幼儿认知、培养道德、陶冶情操、保育身体等个体发展以及在园所实践中幼儿个体的社会化、主体化、个性化三个方面的微观价值。

(二)普及与发展学前教育

学前教育是我国整个教育体系的薄弱环节,是我国各级教育中普及率最低的阶段,3—6岁儿童入园率在40%左右,提高学前教育的普及率,是我国学前教育发展的重要目标。有学者提出,实施"9+1计划",在普及九年义务教育比较好的地区率先进行学前一年义务教育的试点,取得一定的经验后逐步推广。到2012年,基本普及学前一年教育;到2020年,全国基本实现学前一年义务教育。也有学者认为,可优先在农村尤其是中西部和贫困地区农村普及免费的学前一年教育;在发达地区,应当鼓励有条件的城市和地区率先探索把学前教育纳入义务教育系统的方法和途径。

(三)明确学前教育的公益性,健全学前教育发展的保障措施

学前教育也是社会公共福利事业。有学者指出,应建立以政府为主导、社会广泛参与、公共财政支撑、多渠道投入相结合的学前教育发展机制。扩大非营利性、事业性质的公立幼儿园的比例,实现对市场价格的控制,保持学前教育的教育性和公益性。建立和完善对城乡困难弱势群体的扶助机制,重点支持农村学前教育发展,把农村学前教育纳入农村公共服务范畴和新农村建设规划,促进城乡协调发展与社会公平,发挥学前教育的教育补偿功能。应进一步加快学前教育立法进程,依法明确学前教育的性质、地位、功能、发展方针、政府责任等,促进学前教育管理更加科学和规范。

八、教育科学研究的时代使命

教育科学研究在反思、总结30年来改革开放经验的基础上,注重从我国教育的实际出发,着力研究解决教育实践中出现的问题,立足理论创新,提出并逐步解决实现科学重建的理想。本土性、实践性、科学性、有效性,成为2009年教育学研究的"关键词"。

(一)关注实践,服务教育发展

我国有丰富的教育实践经验,也有许多亟待解决的教育理论问题,需要教育理论工作者认真研究和解决。教育科学研究应该直接面向当代中国基础教育改革和发展的实践,通过教育研究工作者与中小学校长、教师合作开展研究,创新当代中国的教育科学;认真研究和解决中小学在办学实践中所面临的实际问题;倡导求真务实的科学精神和理论联系实际的治学态度。教育学的基本任务是为教育实践提供积极价值和科学基础,提高科学化水平是教育学完成其任务的基本条件。有学者指出,教育研究要摒弃"定义性"语言、逻辑、态度、方法和表达方式,避免过度诠释现象、非历史性诠释现象、非对象式诠释现象,摒弃绝对的、僵化的、教条的研究结论。

(二)立足国情,创新教育理论

改革开放30年来,我国教育学研究取得了较为显著的进展,教育学科目前已经成为我国人文、社会科学类24个学科中研究队伍规模大、"产出"高的三大学科领域之一。

随着教育全球化浪潮的推进,教育理论本土化成为发展中国家乃至世界教育研究领域中的重要问题。有学者指出,教育理论本土化是本土教育实践的学术化,并从本土教育问题切入与国际学术界进行对话,在对话中实现本土教育理论创新的过程。当下中国教育学的使命是,在研究思路上将国际理论视野和中国问题意识进行创造性的整合,在价值导向上从"知识世界"回归"人的世界",在实践追求上以解决教育问题、影响教育决策为旨趣。

(三)保持活力,做强教育科研

历史与实践已经证明,教育的改革与发展越来越依靠教育科研的引领,而教育科研要发挥引领作用,就必须保持不断创新的活力。第一,促进教育科研的文化自觉;第二,构建教育科研的协作机制;第三,创建教育科研的学术标准;第四,发展教育科研的基础设施。

学者们指出,教育研究要保持蓬勃发展的态势,需要创新研究方法,加强实证研究,以增强研究的科学性;规范政策性研究,提高决策服务的实效性;加强微观应用研究,强化指导学校管理实践的功能;加强基础理论研究,促进教育学的学科建设;加强比较研究的针对性和本土化,服务教育改革与发展。

教育科研大家谈

我国高等教育研究的现状分析与未来展望

钟秉林 赵应声 洪 煜

进入新世纪以来,我国高等教育事业快速发展,高等教育改革不断深入,高等教育研究亦呈现出蓬勃发展的态势,研究领域逐步拓展,研究成果不断涌现。与此同时,高等教育领域的问题和矛盾也不断凸显,这对高等教育研究提出了新的、更高的要求。在这样的背景下,有必要全面深入地了解现阶段我国高等教育研究的进展情况及存在的问题,以便为进一步加强高等教育研究提供参考和借鉴。

一、数据采集与分析框架

本文选择 2006～2008 年综合性教育类核心期刊和高等教育类核心期刊中有关高等教育的论文进行抽样量化分析。共涉及 32 种期刊,其中包括 18 种综合性教育类核心期刊和 14 种高等教育类核心期刊;总计检索论文 17 199 篇,相关论文均来源于 CNKI 中国知网的"中国学术期刊网络出版总库";选择了题名、作者、作者单位、关键词和中文摘要五项基本信息。对搜集到的 17 199 个样本,本研究采用分层抽样的方法,以论文所属的期刊作为分层标准,从总样本中抽取 10%,即 1 720 篇论文进行了量化分析。分层抽样与数据分析所用的工具为 Microsoft EXCEL 和 STATA910 统计分析软件。

二、我国高等教育研究的现状与特点

总体上看,近年来我国高等教育研究呈现方兴未艾的态势,高等教育领域的很多问题成了教育研究的热点和重点。根据统计分析结果和对抽样论文的梳理,近三年我国高等教育研究具有以下五个方面的特点。

(一)研究领域广泛,问题意识凸显

近三年来,在综合性教育类核心期刊和高等教育类核心期刊中发表的有关高等教育的论文,既有大量高等教育宏观政策的研究和高等教育基础理论的探讨,也有不少与高校运行密切相关的中观和微观问题的研究;既有高等教育整体发展战略的研究,也有高校教师、学生以及具体学科发展的研究;既有与国内高等教育改革与发展密切相关的研究,也有大量介绍国外高等教育情况的研究。这些研究几乎涉及到了高等教育研究的所有领域。尤其可贵的是,高等教育研究的问题意识凸显。例如,关于高等教育质量保证、高等教育区域化、大学生就业等问题的研究论文数量相对较多,而这些问题正是当前我国高等教育改革与发展过程中遇到的突出问题。

(二)理论研究居于主导地位,政策研究比较薄弱

在进行抽样分析的 1 720 篇高等教育研究论文中,基础理论研究论文所占比例在一半以上,宏观政策研究论文所占比例不到 15 %。即便是已有的政策研究论文,也大都是对现行高等教育政策的评价和解读,而前瞻性和批判性的研究论文数量较少。这从一个侧面反映出,当前高等教育政策研究的预见性不足,对形势变化不够敏感,对政府高等教育决策的影响力尚待增强。

(三)定性研究和经验判断多,实证研究较少

我国高等教育研究方法日渐多样化,在传统的逻辑分析法、文献法等质性研究方法的基础上,调查法、统计法等实证研究方法逐步引入,为高等教育研究注入了活力。尽管如此,高等教育研究以定性研究方法为主的格局仍未改变,经验判

断多,量化分析和个案研究少。特别是逻辑分析法,在四大研究领域中所占比例均超过70%。受研究范式、数据积累、方法技术手段等因素制约,实证研究在高等教育研究领域尚未得到广泛应用。这也使得我国高教研究论文在国际教育刊物的发表受到制约,从而影响了中国在国际高等教育领域的话语权。

(四)微观应用研究得到重视,院校研究基础较差

微观应用研究论文的数量仅次于基础理论研究,在高等教育研究中处于十分重要的地位。此类研究大都聚焦于高校内部治理中的具体问题,如高校内部管理、大学生心理健康、大学生德育、大学英语教学等。这说明,高校运转及内部治理等问题日益受到研究界的重视,高校管理的反思意识和理论自觉性不断加强。但同时也要看到,与高校最为密切相关的院校研究的论文数量较少,这反映出作为一种研究范式,院校研究在我国还没有受到广泛重视,对高校管理实践的指导功能发挥不够。

(五)国际比较研究活跃,针对性和本土化相对不足

国际比较研究一直是高等教育研究的重要领域。在抽样论文中,涉及国际比较研究的论文共有165篇,占抽样论文总数的近10%。涉及的国别依次为:美国(92篇,占55.18%)、英国(31篇,占18.18%)、日本(12篇,占7.13%)、俄罗斯(8篇,占4.18%)、印度(6篇,占3.16%),此外,还包括法国、澳大利亚、韩国、挪威等国家。总体上看,美国、英国、日本等发达国家的高等教育是国际比较研究的重点。从研究内容来看,尽管相对分散,但总体上内容的选择与我国高等教育改革与发展所面临的问题密切相关,如一流大学建设、教育教学改革、高等教育质量保障和教学评估等。应该说,国际比较研究大大拓展了国内高等教育研究的视野,但目前的研究大都局限于对国外做法和经验的介绍和评述,较少结合我国的实际情况进行更为深入的分析和提炼,提出的政策建议针对性和本土化相对不足。

三、对我国高等教育研究的思考及展望

高等教育(学)是一门学科,也是一个研究领域。作为一门学科,高等教育学还不成熟,尚需在概念体系、理论体系、研究范式和方法论体系等方面不断探索和完善。作为一个研究领域,高等教育因其与社会经济发展密切联系、与公众的需求直接相关而备受关注。因此,高等教育研究同时面临学科规范化建设和推进高等教育改革与发展双重挑战。相应地,学科发展和实践需求也构成了推动我国高等教育研究发展的双重动力。以下五个方面将是今后我国高等教育研究的重要发展方向。

(一)创新研究方法,加强实证研究

分析显示,实证研究方法在高等教育研究中运用的并不多,抽样调查的论文中,主要采用实证方法的论文所占比例还不到5%,绝大多数论文都是运用逻辑分析法、历史法、文献法等定性研究方法。诚然,高等教育学是一门经验科学,也是一门实证科学,定性方法和实证方法各有其价值,对于高等教育研究都必不可少。但是,随着高等教育规模的扩张和功能、使命的拓展,高等教育规律越来越复杂和隐蔽,纯粹思辨和经验判断已经难以及时、准确地揭示和把握高等教育的发展规律。可以说,高等教育的发展迫切需要高等教育研究在方法上进行创新,特别是要借鉴和运用在经济学、社会学、心理学等学科成功应用的统计法、量化分析法、个案研究法等研究方法,以增强研究的科学性。从国外情况来看,自20世纪70年代以来,实证研究已经逐渐成为高等教育研究的主要研究方法。当前,我国高等教育研究存在的科学性不足、国际对话能力较弱、政策服务水平不高等问题,其重要原因之一就是过度偏重定性研究。今后,方法创新将成为繁荣我国高等教育研究的重要任务。

(二)规范政策性研究,提高决策服务的实效性

与早期相比,现代高等教育的最大特点就是公共性不断增强,利益相关者愈加广泛。特别是自20世纪末以来,我国高等教育的规模迅速扩张,与社会经济发展和个人需求的关系进一步密切,政府的高等教育支出成倍增加,高等教育成为了重要的公共政策领域,政策研究受到政府部门、学术界等各方面的高度重视,在高等教育研究中处于越来越重要的地位。当前,我国高等教育改革与发展所处的国内外环境越来越复杂,这对高等教育决策的科学性提出了更高的要求,需要充分发挥高等教育研究的政策服务功能;但受研究方法、政策制定机制等因素的制约,高等教

育政策研究的实效性有待进一步加强。今后，迫切需要加强高等教育政策研究，尤其要把握好三个重点：一是加强政策研究的规范性和科学性，在正确揭示高等教育规律的基础上，扩大在重大高等教育决策咨询上的话语权，进一步提高政策服务水平；二是加强对高等教育政策的解读和分析，搭建社会各界了解高等教育决策的桥梁；三是把握好政策研究的批评性和建设性之间的关系，对于有失偏颇的高等教育政策，要勇于批评，并提出建设性的意见和建议，促进高等教育政策反馈和纠正机制的建立和完善。

（三）加强微观应用研究，强化指导高校管理实践的功能

服务高等学校管理实践，是高等教育研究的重要使命，这就需要加强微观应用研究。从国外情况来看，自20世纪60年代以来，以院校研究为主导的微观应用研究发展迅速，在高等学校管理实践中发挥了越来越重要的作用。一般认为，院校研究需要具备多方面的条件，其中最为重要的有四条：一是高校具备一定的办学自主权；二是高校需接受制度化的社会监督与问责；三是高校的决策权受多重制约；四是高校决策环境的复杂性使得高校管理者单凭个人理性难以作出科学决策。毋庸置疑，在我国高等教育改革与发展过程中，特别是在提高教育质量和促进教育公平的实践探索中，微观应用研究急需加强。而且，以院校研究为发展方向的微观应用研究所需具备的条件正在不断成熟。这主要表现在：高校的办学自主权将不断扩大；高校正在接受越来越广泛的监督、考核和问责；对民主、科学的高校决策的诉求不断加剧；高校管理所处的环境复杂多变，集体决策、智囊决策已走入了高校管理实践。可以预见，以院校研究为主导的微观应用研究前景广阔，在强化高校管理实践指导功能的同时，亦将推动我国高等教育研究的深化发展。

（四）加强基础理论研究，促进高等教育学的学科建设

近年来，作为一个研究领域，高等教育研究处于蓬勃发展的态势。有的学者甚至指出，高等教育研究已经成为了时尚。但作为一门学科，高等教育学的内涵、外延、研究范畴、研究方法等仍不明确，高等教育的学科体系还未完全确立。甚至有学者认为，高等教育研究处于虚假的繁荣，学术品位和理论价值不高。以至于有人呼吁，高等教育学研究不能是各种命题的随意聚集，不能是各种要素杂乱无章的组合，要加强其系统性。实际上，在高等教育学的学科发展历程中，学科系统性的缺乏并不是一个新问题。高等教育学是一门特殊的学科，是近代高等教育发展的产物，从一开始就是工具取向的，主要是为了服务高等教育的实践需求，学科建设反而成为了第二层次的目标。不可否认，工具取向有利于拓展高等教育研究的领域和市场，一定程度上促进了高等教育研究的"繁荣"，但这种繁荣正好掩盖了高等教育研究系统性的缺乏。长此以往，必然会导致高等教育学学科发展乏力，甚至可能会演变成学科合法性的危机。因此，高等教育研究在坚持问题导向的同时，必须将基础理论研究摆在十分重要的地位，在理论层面进一步明确高等教育学的研究对象、学科的内涵和外延，构建科学的学科体系、研究范式和方法论体系；对于高等教育研究中涉及的重大问题，也要从理论层面进行研究和解答。这是高等教育学学科发展的必然要求。

（五）加强比较研究的针对性和本土化，服务高等教育的改革与发展

现代高等教育在我国是个舶来品，学习和借鉴国外高等教育的做法和经验始终是我国高等教育发展中不可回避的重大课题。无论是新中国成立之初的"院系调整"，还是改革开放以来高等教育的系列改革，都曾做过国际比较和借鉴。比较研究为我国高等教育打开了"一扇窗"，同时也搭建了高等教育研究国际交流的平台，对促进我国高等教育改革与发展、繁荣高等教育研究功不可没。但比较研究同时也面临不少问题，最为突出的就是如何将西方政治、经济、文化"气候"孕育的高等教育成功经验移植到中国的"土壤"上来。应该说，这一问题始终未能很好地解决。如果说早期的高等教育比较研究更多是学习和借鉴的话，那么，随着我国综合国力的增强和建设高等教育强国战略目标的提出，在学习、借鉴的同时更应注重批判和反思，简单的移植已经无法满足我国高等教育发展的需求。因此，在比较研究方面，需进一步加强针对性和本土化，尤其需要在中国特殊的政治制度和历史文化传统的视角下，立足我国高等教育改革与发展的实际，反观西方的高等教育实践，既要从中总结成功经验，也要从中吸取教训，使其适应中国的"气候"，更好地服务于我国高等教育的改革与发展。

教育著作评论

公平之困：多元复合的释义与解答
——读《中国教育政策评论2008》

李 东
（中央教育科学研究所）

追求公平是人类社会的共同理想，也是公共政策制定者所持的基本价值取向。然而，公平问题不仅在理论上，还是在实践中，都备受争议，充满矛盾与冲突。我们为理想的教育公平争论不休，为教育公平的测算各执一端，更有甚者，教育不公平缘何产生，教育不平等如何消解，在理论阐释与实践操作上，我们都无一例外地遭遇困难。而正因为这种困难和不确定性，教育公平又总能成为备受关注的所在，不断引发人们审慎求解的愿望。《中国教育政策评论2008》（袁振国主编，教育科学出版社出版）一书正是给了我们多元复合的释义与解答，从当前的公平之境、公平之困、公平之径出发，为现实中复杂棘手的教育公平问题寻求了可能的答案。

《中国教育政策评论2008》是以论文结集形式出版的。与以往该套书分散的主题不同，《中国教育政策评论2008》把"教育公平"着重抽离出来，全书收录的21篇文章均围绕此展开，思想敏锐，说理透彻，视角不一，多元互补，堪称当前教育公平讨论的集大成之作。自2000年《中国教育政策评论》丛书见诸文字以来，关于教育公平的探讨也时有声音，然而如此集中、全面、多角度地对教育公平进行审视和剖析还是第一次。诚如袁振国先生的序言主题——"更加注重教育公平"，这既是编者的着意安排，也是我们共同的呼声。

一、公平之境的多重释义

突破公平与效率的二律困窘，基于多元复合的视角重新界定教育公平是本书的一大特色。是不是有差异就意味着不平等？一种"普适性"、"应当性"的教育公平究竟是否存在？对此，苏君阳在《重新界定教育公正》一文中指出，影响教育公正实现的因素主要有三个方面，一是教育资源受益者的特质，二是教育资源的供给能力，三是资源分配的标准或原则，据此，对教育公正的释义必须考虑谁之公正、什么之公正、怎样之公正的问题。对于"谁之公正"的拷问，他指出，教育公正是性别、种族、能力、需要、兴趣、财产等因素在不同层面的复合体。对什么之公正，关键在于资源公正与发展公正、事实公正与价值公正的有效融合。相对于资源公正而言，发展公正所要求的，是教育实践中的去控制化。对事实公正与价值公正而言，前者是显性的，后者是隐性的，教育制度被解构的过程，就是利用价值公正来解构事实公正的过程。而怎样之公正，涉及教育公平的原则问题。在资源分配的初级阶段，人们所执行的往往是单一性原则，但这只能代表一种程序上的公正，不能代表实体的公正。因此，程序公正与实体公正存在着一种悖论关系。在这种困境下，规则在先、行动在后的功利主义原则，主张平等自由与差别补偿的罗尔斯原则，能力平等原则都应纳入分配的尺度。

由此看来，简单地把教育公平概括为起点公平、过程公平、结果公平有粗糙之嫌。正如鲍传友在《"后普九"阶段义务教育公平指标体系的构建》中指出，如果把人们的这种惯常理解作为考量教育公平的纵向维度，那么横向维度则可包括区域公平、城乡公平、校际公平、性别公平、阶层公平。同时，根据不同的需要对不同的指标赋予不同的权重，依据教育基尼系数公式，则可对教育公平程度进行大致的测算。鲍传友的构想不无道理，虽然横向维度的五个方面只是原生性指标的局部缩影，但至少给了我们教育公平的立体解析，对复杂的实践操作而言，也不啻是一次颇具意义的尝试。

如此，何为教育公平？在《中国教育政策2008》中，教育公平有着多方面的指涉，它关乎个体需求特质，关乎资源供给，关乎分配原则，以及人们对于分配的评价，因此，它具有历史性与相对性，在不同的历史时期，不同的利益分配格局中，人们对公平产生的认识和评判是大相径庭的。一种普适的、终极的公平理念并不存在，也正因为此，思考公平问题应该回归到事实本身，需要阐释不同群体的社会现实和分配境遇。

二、公平之困的多棱观照

在我国，对教育公平的求索走过了怎样的轨迹？在不同的历史拐点，教育公平又将何去何从？对此，全书精巧布局，娓娓道来，在严密有序的追问中给了我们公平之困的多棱观照。

在社会主义市场经济的宏观背景中，教育差距和差异的扩大是教育资源分布状态自然演进的结果，而教育差距和差异的缩小反是教育资源分布状态自然演进的暂时现象。教育公平的困厄如何自圆其说？对此，吴华撰文指出，强行的"反差距"政策是不合理的，其合法性也是值得怀疑的。一种可行的政策思路是"自由选择"——所有的公共教育资源向全体社会开放，在自由择校的同时，实行"教育凭证"政策，从"分享型教育公平"走向"共享型教育公平"。

延续上一问题继续追问，市场在教育公平中究竟扮演什么角色？是消解差距还是加剧不平等？对这一问题的回答，周金燕在其《教育不平等的产生：市场的作用》中如是分析：从新古典经济学对市场论述的基本思想和方法，以及韦伯的市场阶级理论来看，在市场配置机制下，人们自由选择教育，有利于削减因指令分配所引起的不平等，扩展教育机会。但是自由选择的局限以及市场交易的实质不平等也会对教育不平等产生影响。市场交换同时也是一种维持资源和机会优势的排斥机制，体现了一种权力或统治关系。

同样，在《教育公平中的人性假设问题及其政策影响》一文中，郝文武等从人性假设的角度对公平之困给出了卓有成效的解释。文中指出，对利益的合理分配是教育公平的前提条件，相应地，对人的差异性解释就顺理成章地成为解决分配困境的核心。这一命题也就必然蕴涵了相应的人性假设，其中重要的是关于人之品性、能力、禀赋等差异何以存在的假设。不论教育公平问题的深层利益状态是什么，对教育公平的证明都不得不站在这一差异性解释的可接受性之上。由此，教育公平问题变得愈加复杂了——人性的何种差异是可接受的？对此，郝文武进一步指出：把人性差异简单归结为"金、银、铜"的柏拉图式的认定，以及依据智力测验证明差异都会遭遇合法性危机，在现阶段，基于多元智能理论的人性假设可能为我们在历时性上考察教育公平问题提供了另一种答案。这就要求政策制定者承认多元的标准，并需要积极引导群众理解与认同。

回眸历史，不同的教育政策中所蕴涵的不同伦理价值取向，也给我们带来了认识公平的崭新视角。在《论新中国成立以来我国教育政策的伦理取向及其演变机制》一文中，刘世清指出，新中国成立以来，我国教育政策实践的伦理取向特征依次表现为：建国初期"为工农服务、为生产建设服务"的伦理取向，"文化大革命"时期"平均主义、政治至上"的伦理取向，20世纪80年代至90年代后期"效率优先、兼顾公平"的伦理取向，20世纪90年代末至今"缩小差距、均衡发展"的伦理取向。可以说，这种深层的演变机制，亦是从"形式的教育机会平等"向"实质的教育均衡发展"的渐进性转向。在苏红看来，这种转向是"从发展到科学发展"的必然趋势，而重构公平与效率的关系，将二者统一于教育质量，成为新时期我们必须面临的政策选择。

三、公平之径的多维求解

如何通向教育公平？在深刻阐释公平之境、公平之困后，《中国教育政策评论2008》为我们寻求了多种可能的公平之径，借助实证考察、制度设计、国际比较的方法，为我们打开了一条从理论到实践的畅达通道。

强化政府责任，捍卫教育的公正性。在《政府在教育公正中的责任与限度》一文中，冯建军指出，政府作为公共权力机关和公共利益的代表，在实现教育公正中必须捍卫教育的公正性。而鉴于教育的性质不同，政府在义务教育、非义务教育和私人教育中的责任大小亦不同。对义务教育来说，政府是全职责任人；对非义务教育来说，政府是重要责任人；而在私人教育中，政府只具有一定的调控作用。

对于政府在教育公正中的责任，张力进一步描述为以下"四种作为"：一是必须作为，即政府对基本公共教育服务依法全面负责，直接拨款资助公办机构。二是重点作为，政府重点选择某些非基本公共教育服务,予以相应的拨款、资助和补贴,或动员社会资助。三是委托作为,对某些近乎全成本分担的非基本公共教育服务,政府不直接作为,而是通过授权、许可或托管,也可视情况部分购买。四是不须作为,对非公共教育服务,政府不具体作为,而引入市场运行机制,制定准入和竞争规则并依法监管。

多视角治理,引导切实有效的制度设计。治理教育不公平必须寻根究源,跳出公平求公平。在田慧生等人看来,当前教育领域存在的不公平现象,一部分是由于教育结构的不协调造成的。这种不协调主要表现为基础教育与高等教育、普通教育与职业教育、公办教育与民办教育以及正规教育与非正规教育的非协调发展问题。因此,推进教育公平,优化教育结构是一个重要的抓手。

以充足性为基础的教育财政公平也是制度建设的重要一环。对此,杜屏以美国义务教育财政政策为样本,构造了教育财政充足性度量方法,如成本函数法、专家评议法、示范学校分析法、整体学校设计法等,对我国义务教育资源配置均衡的追求有着重要的借鉴与启示。

兼顾公平与效率的农村中小学布局调整也是推进教育公平的重要目标。对此,范先佐等人指出,空间范围内的制度设计应该考虑如下几点:集中办学与分散办学并举;方便学生就近入学与提高资源利用率相结合;重点支持集中办学又适当照顾分散校点等。

在张力看来,真正推动教育公平,从制度设计层面仍然需要政府、市场、学校三方形成合力。当前,亟待突破的关键点在于,"要把促进教育公平作为国家的基本教育政策",把配置教育资源同统筹教育发展结合起来,把政府主导同社会参与结合起来,把国家政策倾斜支持同地区自力更生结合起来,并且把教育公平的政府行为与社会行动尽快纳入法制化、制度化轨道,形成有利于城乡区域教育协调发展、教育差距不断缩小的长效机制。

关于教育公平的探讨方兴未艾。跨越教育的边界,我们对教育公平的释义与解答似乎复杂了许多。它不仅是关乎社会发展宏旨,也关乎个体微观之命运,更纠结于政治、经济、文化、社会纷繁交错的意义之网中,没有理性的态度对待并行动,我们不可能取得实质性的超越。在一个城乡、区域经济及社会发展不平衡的发展中大国,促进教育公平是一个分阶段、分步骤的"差序治理"过程。国外经验表明,促进教育公平普遍是渐进性的:第一步是让尽可能多的人受尽可能多的教育,第二步是让所有人受基本的教育,让更多的人受更多教育;第三步是让所有人受尽可能多的教育。我们仍然有很长的路要走。

研究教育宏观决策的力作

——评周满生等著《教育宏观决策比较研究》

王长纯

(首都师范大学)

一、教育决策已经成为国家理论

《教育宏观决策比较研究》一书由人民教育出版社列入《比较教育文库》出版了。这部著作是周满生研究员承担的全国教育科学"十五"规划国家课题"教育宏观决策的比较研究"的成果,是近年来比较教育领域国家理论研究的一部力作。

当代比较教育研究不再只是对国外教育制度、经验,以及国际教育思潮的探讨,而是更多地关注各国教育决策的研究与实施,关注国家理论。这里的国家理论实际上是指在一定历史时期某一国家在教育改革与发展实践过程中起主导作用的教育宏观决策。

在全球化与地方性互动日益紧密的情况下,教育决策已经成为国家理论。而政策研究又是比较教育学者研究教育政策的一种重要途径。30年来,我国比较教育学者在这方面作出了重要的贡献。周满生等比较教育学者撰写的《教育宏观决策比较研究》就是比较教育领域对教育国家理论研究的重要成果。

该书上篇从整体上剖析科学的教育宏观决策的核心因素,对科学教育宏观决策的概念及相关因素进行了深入分析,是科学的教育宏观决策的元研究;中篇阐述了美、英、日、澳及东南亚国家教育宏观决策的模式与特点，揭示出这些国家各具特点的教育宏观决策过程，其借鉴意义蕴涵其中。下篇首先从政策模型选择角度阐述教育宏观决策的科学化与民主化问题，然后从探讨科学教育宏观决策过程角度论证科学的教育宏观决策的产生，最后专章分析国外科学的教育宏观决策对我国的重要启示。

二、教育宏观决策是一种政治行为

该著作对教育宏观决策比较研究既不是从已有概念出发的理论推演，也不是对国外教育宏观决策的简单描述。作者首先从决策机制、制度环境角度深入分析教育宏观决策的理论基础，从不同国家的社会经济水平、产业结构、科技发展、人口变化、社会价值观及政治路线等方面对教育政策进行了科学分析。而后作者又对教育宏观决策与外部环境的关系作了很有意义的阐释。除了人们熟悉的经济因素、人口因素和教育自身因素外，作者深入探讨了政治因素，明确指出教育宏观决策是一种政治行为，政治影响教育决策的方式、质量与效率。在对价值因素的研究中作者指出教育决策必须符合各个国家的文化传统习惯，符合当时社会总的价值规范和伦理道德观念，尤其要符合民意基础。这种理论探讨不满足于现成理论的解释，而是一种理性的新思考。该书的国别研究，没有停留在一般性描述上，而是在认真考察有关国家教育决策具体状态的情况下，深入分析其特点及经验。如用两章的篇幅在大量占有第一手资料的基础上，先后对日本教育决策模式的变化及其特点、日本教育决策的具体方式及决策特点进行了深入探讨。这种深入的分析向读者呈现出作者对教育宏观决策的深度把握，一些过去感到困惑的疙瘩也随之解开了。

三、宏观决策过程涉及广泛利益关系

宏观决策过程不是抽象的，它涉及广泛的各方面的利益关系。教育政策的产生也不是孤立的，它必须顾及各方面的利益。经济全球化和市场化进程并不意味着减少政府的责任和作用，但政府的责任和作用不应该表现为独家包揽。作者引进组织因素概念，并进一步指出：影响科学教育宏观决策的主要组织因素由政府、国际组织、企业（跨国公司）、非政府组织、大众传媒等构成。教育决策的科学化和民主化的实现离不开这些组织因素的关键性参与。只有通过对影响宏观决策的体制环境进行整合，决策才能更科学民主，更有效益。这一研究结论突破了我国教育宏观决策组织既有理论的局限，极具启发性。作者对决策组织构成因素阐释具有很强的创新意味，而且这一观点将会对教育决策研究和实践产生积极影响。

四、反思的中肯性

作者站在我国历史发展的新起点上，从全面实现小康社会发展目标的战略高度，进行教育宏观决策的比较研究，上中下三篇都有自己的新意。对我国中长期教育改革与发展而言，如何进行教育宏观决策是一项亟待解决的重大课题，该著作在对教育国家理论的研究中表现出高度自觉的反思意识和改革精神。作者清醒地认识到：我国的教育宏观决策体制是在计划经济以及与此相联系的权力集中的政治体制的条件下形成的。决策体制比较单一，行政垄断现象比较严重，政府组织作为公共管理权的唯一主体，决策者既是运动员又是裁判员，几乎包揽了决策的所有环节。虽然，在教育宏观决策改革方面作出了很多努力，也取得了一定成绩，但是，仍然存在着前瞻性不强、现代化水平不高、针对性不强、缺乏教育决策的评估与反馈等亟待解决的问题。

五、综合系统推进教育宏观决策研究

作为国家理论的教育宏观决策研究是一种复杂研究，没有多学科方法的参与是不可想象的。这也是比较教育研究方法论的一个特征。该书的教育宏观决策研究综合地应用哲学、政治学、经济学、社会学、比较教育学等多种学科的分析方法和手段，采取多角度、多层次的研究思路，从全球化的广阔视野，重点梳理并研究美、英、日、澳及东南亚国家教育宏观决策的历史沿革、现行模式和最新进展，为我国教育宏观决策提供了清晰的国际参照。该书的下篇在追踪国外教育宏观政策动向的基础上，深入阐释了教育宏观决策的科学化、民主化与政策模型的选择问题，其中对教育政策模型及其在教育决策中运用的分析更是得到哲学、政治学、社会学、系统理论、因果理论等跨学科的方法论支撑。跨学科性特点在该书里得到突出的体现。这也是该项研究获得成功的一个重要原因。

总之，该书对宏观决策的概念、外部环境、影响教育宏观决策的重要组织因素及教育宏观决策的科学过程，进行了深入的探讨，对于我国宏观教育决策具有重要而直接的启示，同时丰富了比较教育领域关于国家理论的研究，具有重要的学术价值。作者通过比较分析提出了教育宏观决策研究的重要观点：教育宏观决策主体的国家化、教育宏观决策过程的民主化、教育宏观决策基础的专业化、教育宏观决策模式的多样化。显而易见,这些重要的研究结论对提高我国教育决策的科学性、民主性具有重要思考价值。该书的出版为我国教育宏观决策提供了重要的思想资源,也为后续的此类研究提供了一个良好的开端。

贯彻教育方针 推进素质教育

——读《何东昌论教育》

蒋笃运

(河南省教育厅)

近几十年来,中国教育从理论到实践,第一关键词是素质教育。实现由"应试教育"向素质教育的转变,是教育领域里最根本性的转型。何东昌同志"是当代一位对教育事业有崇高理想追求、有深刻思想、有远见、有谋略的教育家"(彭珮云语),他特别关注实施素质教育问题。《何东昌论教育》一书关于素质教育的论述,勾画出中国基础教育改革发展的简明史,启迪我们在新的历史条件下按照科学发展观的要求,全面贯彻教育方针,努力办好让人民满意的教育。

一、克服片面追求升学率是搬掉基础教育改革的拦路虎

1982年何东昌同志担任教育部部长不久,就发表了《当前中国教育的重心要往下放》的重要讲话,指出:"社会上呼声比较高的一个问题,就是盲目追求升学率,一考定终身。小学负担过重,学生近视眼增加,这是违背教育方针的。"何东昌同志说的"社会上呼声比较高",是有所指的。当时的全国政协会上,有政协委员给重点中学罗列了"九大罪状"。在一些重点学校,比较普遍地存在着片面追求升学率问题,他对北京、上海两地取消重点小学的做法予以充分肯定。

针对片面追求升学率问题,何东昌同志在1986年的全国研究生工作座谈会上指出:"基础教育中存在的片面追求升学率的问题,只考虑了少数学生,忽视了多数学生,实际上是个办学指导思想的问题。这样做,我们整个基础教育就会失去平衡。要实现四个现代化,所有公民都必须具备必要的基础知识,德、智、体、美各方面都不能削弱。否则,就不符合'三个面向'的要求。"何东昌同志认为片面追求升学率违背了教育规律,是不完全的教育。

何东昌同志很重视基础教育改革,鉴于"基础教育搞得不大活",培养的学生只会做题、不会做人,他认为"不能只是上课、做作业这一套,要包括参加一点儿劳动,教学内容上要联系一些实际,教学形式上要搞点儿走出去参观、请进来讲一讲等等"。他明确提出:"基础教育也有个改革问题。这里最大的一个问题,一个拦路虎,就是片面追求升学率。""片面追求升学率这一条不去掉,什么联系当地实际啊,搞点儿乡土教材啊,搞点儿实验啊,统统会给冲掉。"如何搬走这个拦路虎?他认为"光靠说服教育是不行的。这个问题还需要进一步研究,总要找到一种制度来解决"。他要求各级教育行政主管部门都不要给升学加压,要求各学校按教学计划上课,不准加班加点,不准办复读班,还提出"体育要及格","劳动要参加","文理不要分科",以及将高招指标下达到县,等等。

二、从"应试教育"转向素质教育的轨道

衡量我们教育得失成败的标准究竟是什么?何东昌同志说:"我们培养出来的人,不论是经过大学、中学、小学还是成人教育,他们在社会主义建设实践中的成效,包括适应能力,德、智、体、美各方面素质如何,这是我们检查一所学校、一个地区教育得失成败的最后的标准。"他明确提出,"科教兴国,关键在人的素质。"应试教育"的消极影响如不尽快消除,它带来的种种危害不可低估。它冲击了德、体、美各育。智育虽然好像受重视了,实际上也是被扭曲了的。它限制了学生创造力的培养和个人特长的健康发展。"他认为,只有实现"应试教育"向素质教育的转变,"才能大面积提高基础教育质量,这是一切教育和民族素质教育的基础"。

"应试教育"片面地追求升学率,忽视学生的能力培养、思想品德教育和身心健康,背离了教育的根本宗旨,束缚了教育的发展,降低了教育的品质。何东昌同志认为,实现"应试教育"向素质教育转变的好处,"在教育界的很多同志中是有共识的。但是不少同志又认为这实际上是做不到的。因此,有一些同志对上级文件可传达,口头上也照样号召,但实际上并不能真正下决心千方百计地去加以实现"。在分析造成这种情况的原因时,何东昌同志鞭辟入里地指出,"'应试教育'向素质教育转变涉及社会传统文化心理","涉及改变社会上千百年来形成的过时的、根深蒂固的传统观念"。何东昌同志还针对一些学校里挂的名人画像发表了自己的看法:"我们当然要宣传优秀的'家'(科学家、企业家等)与'长'(领导人才),特别是与群众结合很好的先进人物。同时也要宣传优秀的人(工人)与民(农民)。从转变传统观念的难度着想,后者是要花力气的。"何东昌同志提出了促使"应试教育"向素质教育转变的几项改革举措:一是按照多样化成才道路和目标的要求完善教育制度,努力使青年学生人人能成才;二是按照讲学历、不唯学历、重在真才实学的原则改革人事、劳动、工资制度,用舆论与政策导向改变过时的传统观念;三是加强评估督导,改革一次书面考试定高低的升学制度;四是"应试教育"向素质教育转变涉及教育全局和相关部门的配合,党政领导要给予重视和支持。

三、教育要与生产劳动和推动社会进步的实践相结合

2002年2月发生的刘海洋伤熊事件在社会上引起巨大反响,有的学者采用西方的心理分析方法强调加强人性教育。何东昌同志则一针见血地指出:"这个孩子的成长是畸形成长的典型例子,他远不是全面发展的。"

同年4月,何东昌同志在《高校理论战线》杂志上发表了《教育与生产劳动和推动社会进步的实践相结合是培养全面发展人才的根本途径》,明确指出,全面推进素质教育不能离开教育与生产劳动相结合这个方针的正确贯彻。由于"中国的教育文化心理传统中,教育要与生产劳动相结合的观念是比较弱的",所以何东昌同志把"引导"摆在特别重要的位置。他所说的"引导"就是引导人们摆脱几千年来形成的鄙视劳动和劳动人民,崇尚"唯有读书高"、"学而优则仕"、"劳心者治人"的传统观念。当然也要防止以劳动冲击学习,甚至陷入"读书无用论"的泥潭。

根据马克思在《关于费尔巴哈的提纲》中"环境的改变和人的活动或自我改变的一致,只能被看做是并合理地理解为革命的实践"这一论述,何东昌同志提出了"教育与促进社会全面进步的社会实践相结合,是促进环境的改变和人的自我改变的一个有力的手段"的论点。何东昌同志的创新与发展还表现在敏锐地把握马克思主义的教育与生产劳动相结合的时代特点。他认为,在新的历史条件下,"生产劳动的外延拓展以后,教育与生产劳动相结合方针的贯彻就可以拓展到整个教育的全过程","教育与生产劳动相结合的实质是促进社会生产力的发展,促进人的全面发展,二者相辅相成,相互促进"。何东昌同志特别强调:"教育要与通过劳动力市场反映出来的社会主义现代化建设的需求相适应……社会主义现代化建设有其自身的规律,它对人才的需求是全面的,不仅要求教育的宏观结构要同社会主义现代化建设的要求相适应,以培养现代化建设所需要的各种专门人才,而且要求我们所培养的人是高素质的、全面发展的。"

四、"钱学森之问"与"何东昌之信"

有人说2005年是中国教育的反思年。这一年有两件事在中国教育史上留下深刻的烙印:一个是"钱学森之问",另一个是"何东昌之信"。2005年6月何东昌同志就全面实施素质教育问题给胡锦涛同志写信说:"当前,我们的教育仍面临着一个老大难问题,也是阻碍人才素质全面提高的大问题,即基础教育广泛存在的片面追求升学率的问题或者'应试教育'的倾向,及其带来的涉及面很广的负面影响。'应试教育'使我们的基础教育偏离了党的教育方针。"何东昌同志从考验党的执政能力的战略高度指出,"'应试教育'的弊端虽然表现在学校,根子却在社会,解决起来估计难度也会很大。从人的成才观念上讲,它将触动千百年来形成的根深蒂固的文化教育传统的转变,需要长期的努力……解决这一涉及面很大的问题,看来只靠教育部门的努力很难奏效,所以建议中央加以关注。要使各级党政领导都能对问题的严重性有充分的比较统一的认识,并采取一致的措施,这是对党执政能力的考验。"胡锦涛同志对此作出重要批示:"东昌同志提出的素质教育问题很重要,的确只靠学校和教育部门是解决不了的,他提出从系统调研入手寻找解决问题的思路值得考虑。"在随后的一年多实践里,教育部与中宣部、人事部、中国社科院、团中央等部门一起按照中央领导的指示精神,组织精干力量开展素质教

育系统调研。教育部组织 200 余名专家学者,分别对素质教育的理论与政策、实施素质教育与学校的整体改革、义务教育均衡发展、基础教育课程改革、中小学学科课程教学改革、招生考试评价制度改革、基础教育国际比较等七个方面进行了专题研究,同时,多家主流媒体开展了素质教育大讨论活动。随着人们对素质教育一系列重要问题的深入探讨,尤其是随着基础教育课程改革的不断推进,许多地区和学校在不同方面和不同程度上呈现出变化与活力。

温家宝总理 2006 年曾就"为什么我们的学校总培养不出杰出人才"的"钱学森之问"请教国内 6 位著名的教育专家,但没有满意的答案。2009 年 1 月温家宝总理在国家科技教育领导小组会议上再次点到"钱学森之问",他说:"要围绕加强素质教育、多出人才,转变教育观念,深化教育改革。要认真思考我们为什么培养不出更多的杰出人才?"2009 年教师节前,温家宝总理到北京三十五中听课后,在座谈会上又一次感慨:"(我们)一直在强调素质教育,但是为什么成效还不够明显?"何东昌同志对这一问题进行了不断的探索和长期思考。《何东昌论教育》是何东昌同志贡献给教育事业的宝贵财富,正如陈至立同志在《何东昌论教育》出版座谈会上所言:"这部著作特点鲜明,论述内容范围广,实践性强,反映了何东昌同志的真知灼见,给人以多方面的深刻启迪,鲜明地回答了教育工作始终要面对的两个重大的根本性问题:一是办什么样的教育、怎样办好教育,二是培养什么样的人、怎样培养人。"

按照社会发展的需求培养人,这是由教育内在的价值理性所决定的。坚持"以人为本",促进人的全面、高效、可持续发展,是科学发展观的核心,是实施素质教育的客观要求。我们要贯彻党的教育方针,坚持以科学发展观统领我国教育事业发展全局,形成全社会推进素质教育的强大合力和良好环境。

读《张伯苓年谱长编》有感*

张岂之

(西北大学)

张伯苓(1876—1951)先生是 20 世纪中华民族杰出的教育家。其教育思想和教育实践的丰富经验,是我国近现代教育史上的宝贵精神财富。学界对张伯苓先生的深入研究,始于 20 世纪 80 年代。在此之前,多是一般性的纪念式文章,即或在教育史上也谈到这位大教育家,可是在资料的汇集上或者在研究的深度上都有许多不足。我作为抗日战争时期重庆南开中学的校友,曾于 2000 年著文《未完成的课题——关于张伯苓先生教育思想与教育实践的研究》(发表于《重庆南开校友通讯》第 4 期),2001 年再写《〈张伯苓与重庆南开〉述评》(发表于香港天马图书有限公司 2001 年出版发行的《张伯苓与重庆南开》),表述了这样的心愿:希望早日读到有关伯苓先生的研究专著。2003 年年底,我收到梁吉生教授的著作《允公允能 日新月异——南开大学校长张伯苓》(约 30 万字)。展读以后,收获很多,此书概括了此前关于张伯苓先生的研究成果,有不少新见。该书是章开沅、余子侠主编的《中国著名大学校长书系》中的一种,由山东教育出版社出版。

作者梁吉生教授为南开大学校史研究室主任,长期从事中国近代文化教育史研究,着力于张伯苓先生教育思想和南开大学校史的研究。他的《允公允能 日新月异——南开大学校长张伯苓》一书的附录四"张伯苓生平大事年表",有助于读者了解伯苓先生生平的建树及教育思想形成的轨迹。这一部分共有 40 页,分量似乎尚有不足。在此基础上,梁吉生教授开始编撰《张伯苓年谱长编》(以下简称《年谱》)。这是一部资料丰富翔实又有鲜明研究观点的书。吉生教授要我为《年谱》写序,我觉得这是一次很好的学习机会,使我对伯苓先生以毕生的精力贡献于中国教育事业有了更加深切的感受。

吉生教授于 1959 年考入南开大学历史系,奠定了研究伯苓先生教育思想的基础。1977 年,为准备纪念五四运动 60 周年,他与天津历史博物馆合编《五四运动在天津》(历史资料选辑)。该书 58 万余字,1979 年由天津人民出版社出版。1979 年,吉生教授开始撰写南开大学校史,在实践中他深感资料不足,于是到北京、南京等地查阅有关资料,随时

---

* 本文是作者为《张伯苓年谱长编》(梁吉生撰著,人民教育出版社 2009 年版)所作的序,标题为编者所加。

笔记，逐渐积累，写成《南开大学六十年》铅印本。

这时，吉生教授自己提出这样的任务：几万字的南开简史，不足以全面概括伯苓先生在中国教育史上的卓越成就，需要再作精深的研究。有一件事这里应当提到，台湾南开校友会出版的纪念张伯苓先生的一篇文章说张有一个"反共遗嘱"。吉生教授感到有必要详细考订史实，以正视听。他写出长文《爱国的教育家张伯苓》，在《南开学报》1981年第1期发表，不久《新华文摘》（1981年第5期）转载其主要部分。此文受到各方面好评，当时任天津市图书馆馆长的南开老人黄钰生（子坚）深情地说：吉生文章中"爱国的教育家"这几个字有分量，解放了多少南开人啊！此后梁吉生教授陆续写出《张伯苓》（收入湖南教育出版社出版的《中国现代教育家传》）、《张伯苓教育思想研究》、《张伯苓与南开大学》、《南开逸事》、《南开的脚步》、《日军毁掠南开暴行录》等书；合编《张伯苓教育言论选集》、《张伯苓纪念集》，并执笔撰写35万字的《南开大学校史（1919—1949）》，编选70余万字的《南开大学校史资料选（1919—1949）》；参与20集电视连续剧《张伯苓》编剧和大型展览《百年南开》的策划并主持编写陈列大纲。这些劳绩说明吉生教授对南开和张伯苓先生的至深感情，为他编写《年谱》奠定了坚实的研究基础。

《年谱》一书的特色是什么？我觉得其中有两条主线：一是伯苓先生的爱国情怀，一是伯苓先生的所有活动都离不开作为中国现代教育的先驱者和建设者这个主轴。这两条主线在《年谱》一书中有详细的叙述分析和独到的论说。

伯苓先生1876年生，1951年逝世，一生跨越清末、民国北京政府（北洋军阀统治时期）、南京国民政府及新中国成立几个历史时期。他当过北洋海军军官，教过私塾，创办了南开系列学校，担任过中学和大学校长。他是教育家、社会活动家、体育的赞助者和活动家。他担任过许多职务，如全国教育会联合会、中华全国体育协进会、中华教育文化基金会等社团的主要负责人；任过多所大学的理事或董事；在政务上，北洋政府请他出任教育总长、天津市市长，后来南京国民政府又请他担任国民参政会副议长、国民党中央监察委员会委员、考试院院长。在国外关系上，伯苓先生曾留学美国，到日本和欧美等地的十几个国家多次考察教育。他是哥伦比亚大学、加利福尼亚大学、上海圣约翰大学等校的名誉博士。所有以上种种，都是伯苓先生一生历史的组成部分，在《年谱》一书中不能缺少，越齐全越好。在这一点上，吉生教授积三十多年搜集与研究之劳，在书中有完整的叙述，这和年谱本身要求的"详尽"完全相符。如果只是罗列，意义不大，甚至会失去伯苓先生的"自我"。吉生教授按照伯苓先生毕生的实际情况，用"爱国情怀"将各个方面贯穿起来，说明寻求民族复兴之路是伯苓先生毕生的宏愿；在寻求中应当允许走一些弯路，甚至有某些点上的失败，然而这些都无损于忠贞追求者的光辉形象。我觉得，《年谱》在这个基本点上写得饱满而又符合实际。

从《年谱》中还可以看到，伯苓先生一生接触过许多名人，广泛的交际人群，包含教育、体育、宗教、政治及社会事业各个层面，这些在《年谱》中也有足够的反映，同样不是罗列，其中主线是为了发展中国的教育，为了建设南开。因此，《年谱》所反映的是关于伯苓先生的鲜活形象，可以永存于人们，特别是教育者的心中。

《年谱》涉及伯苓先生的讲演、函件、报告、文章、谈话、题词、手迹等，比较全面地反映了伯苓先生毕生为中国教育、为民族复兴所做的业绩。总之，《年谱》资料丰富，文献性、揭密性强，有不少是第一次披露。因此，《年谱》一书可以说是中国近现代人物的一本研究性著作。

吉生教授在给我的信中，有一段描述了他如何搜罗与年谱有关资料的情况。他说："笔者二十多年来，不问朝夕，奔走各地，访贤问友，或侧身故纸堆中，广事搜求，博采众言，精心考订，本着客观、公正、求真、求实的精神，不因人废言，亦不因对谱主事功的好恶，而弃片纸只字，以期真实全面地接近张伯苓，为今人和后人的研究保存更多的历史信息。"现在《年谱》即将付梓，吉生教授的劳绩已到果实丰收的季节，这是值得庆贺的。

据我所知，台湾也很重视张伯苓年谱的出版。过去台湾曾经印过赵光宸（南开校友）编的《张伯苓先生年谱》，只有五千字，且不是单独出版，而是附在1975年台湾文海出版社出版的《近代中国史料丛刊》续编第18辑《张伯苓先生纪念集》后。台湾学人也期待有详尽的张伯苓年谱出版。从这个意义上来说，吉生教授的这本著作为海峡两岸学人进一步研究张伯苓先生提供了优秀的研究成果。

教育科研机构

四川省教育科学研究所

1978年9月,"四川省教育局中小学教材编写处"更名为"四川省教育局教材编写教学研究室",工作重心从地方教材编写转移到教学研究上;随着教育事业发展的需要,1981年更名为"四川省中小学教学研究室";1983年起更名为"四川省教育科学研究所",这一名称沿用至今。

四川省教育科学研究所目前是四川省教育厅直属的、为了社会公益目的设置、纳入机构编制部门管理、依法登记(备案)、由财政全额拨款的事业单位,主要承担以下五大工作职能:

(1)负责全省教育科研的指导与管理工作。主要承担对全省中等及以下学校和其他教育机构、教研部门的教育科研指导及管理工作;负责四川省教育厅普教科研资助金项目的管理工作;受教育厅委托,负责四川省政府教学成果奖评审的组织工作;组织四川省教育科研成果的推广工作。

(2)负责全省中小学(包括普通中小学、中等职业学校、特殊教育学校、幼儿园等,下同)的教学研究和学科教学业务管理工作。组织中小学课程改革的研究与实施;组织全省各学科教研活动,帮助教师执行教学计划,帮助教师掌握课程标准和教材,更新教育理念,提高教学水平和教学效益;总结推广教学经验,探索教学规律,推动教学改革;提出执行教学计划、教材使用的建议,为教育行政部门决策提供参考;根据省教育厅的总体部署,开展教材及高中教辅资料等资源的开发工作。

(3)负责全省中小学学科教学质量的监测评估。组织对全省中小学学科教学的检查和质量评估。负责全省高中毕业会考命题及中考命题的指导与评估工作,参与省高考自主命题相关工作。负责评价考试制度改革的研究、指导和实施工作。

(4)负责实施中小学教师省级培训工作,并开展与之相关的管理、研究、咨询、信息服务与资源开发等工作。

(5)研究教育发展和改革中的重大理论和实践问题,发挥教育科研的先导作用,为教育行政部门提供决策咨询。

四川省教育科学研究所的工作包括五个中心:一是建成四川省学科教学与研究的学术引领中心,在全省成就一批学科研究在全国有影响的学科教研员;二是建成四川省教育科研学术引领中心,发现和培植一批意义重大,反映四川特色,在全省、全国能产生影响的研究项目;三是充分发挥作为四川省中小学教师继续教育培训中心的作用,成为四川省中小学教师实施省级培训的研究、咨询、信息、资源开发及服务中心;四是建成四川省中等职业教育的基础学科和主要专业教学研究中心;五是建成四川省教育教学研究信息网络中心,凸显"教育科研、教学指导、教材研究、学科建设"信息平台的引领作用。

历史丰碑

霍懋征：把爱心献给教育的人

霍懋征 1921 年 9 月 18 日生于山东省济南市。1943 年毕业于北京师范大学数理系。是年，自愿赴北师大第二附属小学任教（即北京第二实验小学）。其间曾借调中央教育部、丁家胡同小学工作。在北京第二实验小学任数学教师、语文教师、班主任、副校长等职务。霍懋征开创了我国高等学历人才从事基础教育事业的先河。她爱教乐业，与时俱进，勇于创新，用自己一生的实践证明了忠于事业的高等学历教师对推动基础教育改革发展的重大意义。她躬耕于小学教育园地，孜孜不倦、矢志不渝，为国家培养了大批优秀人才，为祖国的教育事业作出了卓越贡献。她始终热爱着基础教育，无论顺境逆境，无论国家、学校、家庭发生什么变化，她都始终工作在教学第一线，始终生活在学生中间，痴心不改，无怨无悔。她几十年如一日地辛勤耕耘，无私奉献。勤奋，使她的业绩在日积月累中逐渐丰厚起来，直至达到卓尔不群的境界。1956 年她被评为全国首批特级教师，在第一次全国教育工作会议上被评为中国现代百名教育家之一。多次荣获北京市模范教师，北京市"三八"红旗手、全国"三八"红旗手等多种荣誉称号，并先后担任北京市妇联副主任、全国妇联执行委员、中国教育学会常务理事、中国教育学会小学语文教学研究会常务理事等职务。曾当选为民进中央常务委员，第五届全国政协委员，第六、七、八届全国政协常务委员。她积极参政议政，为教师呼吁，为教育发出了强音，教师节的确立也伴着她的心血。

霍懋征把毕生的精力无私地奉献给教育事业，为了教育事业她倾注了全部的心血和全部的爱。她以自己特有的人品、师品、学品演绎了一位小学教师完美的一生，她是我们心中的楷模。"没有爱就没有教育"这是霍懋征从事教育教学活动的座右铭。无爱则无教，霍老师是爱的教育的早期倡导者和实践者，"没有教不好的学生"等教育思想传遍了大江南北，产生了深刻的影响。她爱所有的学生，对特殊的学生给与特殊的关爱。她从教六十年，她的学生个个成才，从没有一个学生掉队，每届学生几乎都是全面发展的好学生。她是和谐先进班集体的创建者，她对学生一视同仁，她的学生都能和谐相处，亲如兄弟姐妹。几十年里，霍老师无论在哪个班当班主任，哪个班必然是团结友爱、和谐进取的先进班集体。她和学生的感情深似海，每个学生都能讲出霍老师爱他们的故事，他们把霍老师比作自己的妈妈。60 届毕业的学生年年初三去看望她，保持了 50 年的师生情。

霍懋征是新中国历次教育教学改革的带头人之一和成功经验的创造者。她运用创新思维，前瞻地思考教育教学问题。她的以学生为本的教育思想和以学生为中心的教学艺术；她的育人必先育德，教人必须教心，以及家庭也是学校，社会是教学的大课堂等思想不仅在自己班上产生了巨大效益，而且已成为我国当代教育史上的宝贵财富。她是一位充满智慧的教师，她有极丰富的教学经验，拥有炉火纯青的教学艺术；她运用儿童心理学激发了学生学习兴趣，让学生变得聪明起来；她努力实践高效课堂；她的数学实验创造了全班学生周周作业无错题，学期考试得满分的好成绩。在小学语文教学改革实验中，霍老师制定了"速度要快，数量要多，质量要高，负担要轻"的教改方针。一学期可以讲授 95 篇课文，远远超过教材设定的 24 篇，学生的作业都在课堂上完成。三年实践后，全班的作文人人字迹工整，卷面干净，无错别字，全班总平均成绩达到 98.7 分。她创造了教学改革的奇迹。

霍懋征谈到教育教学工作的秘诀时，总结了以下几点：

第一，做一名教师必须要有先进的教育思想，即全面发展的思想，这是教育教学工作的灵魂。

第二，教师要忠于党的事业，把教育看成是事业而不仅仅是职业，要有献身于这个事业的决心，要热爱学生，这是搞好教育教学工作最根本的一点，没有爱就没有教育。

第三，教师要十分注意培养学生学习的兴趣，变"要他学"为"他要学"。创造条件培养他们良好的学习习惯，好习惯一生受益。

第四，当一名教师必须时刻努力学习，不断提高自身的素养，更新观念，改进教学方法。过去常说，要给学生一杯水，教师要有一桶水，而在今天要给学生一桶水，教师应是长流水，只有源源不断而来，才能滔滔不绝而去。

第五，要想向课堂四十分钟要质量，教师必须认真备课，不同的教学要求、不同的教学对象就必须采取不同的教学方法。教师备课要进入角色和作者的思想感情产生共鸣，要用自己的语言、丰富的感情去感染学生，才能达到好的教学效果。

第六，必须营造一个民主、宽松、和谐的课堂教学氛围。素质教育的核心是以人的个性发展的教育，个性发展的教育能努力开发每个学生创造潜能。因此在教学过程中要以学生为主体，充分调动学生的主动性、积极性和创造性，让他们爱学喜学，自愿参与培养他们的自学能力，教师在教学中起主导作用，努力引导学生发现问题、提出问题探讨研究问题并能设法解决问题。

为了弘扬霍懋征的教育思想和实践经验，全国教育科学规划领导小组将"霍懋征教育思想与实践的研究"作为国家的"十五规划教育部重点课题"，在全国近20个地区展开了深入的研究。霍老师把她的教育思想、教育经验、教学方法、教学艺术总结出多本经验集，无私奉献给了教育界。这一研究得到了温家宝总理的大力支持，温总理批示说"霍懋征老师的模范事迹充分说明高学历人才从事基础教育具有深远意义"，并指示教育部"积极推动霍懋征教育思想与实践的研究工作"。有关方面为了介绍她的教学经验，录制了许多她授课的录音带和录像带，还拍摄了霍懋征讲授的《月光曲》一课的彩色教学影片，不仅在全国各地，还在美国一些城市放映，受到普遍赞誉，反响很大。霍懋征对我国语文教学改革产生了深远的影响，她是基础教育的骄傲，更是一座丰碑。

霍懋征不仅是一位著名的小学教育专家，而且是一位成绩卓著的社会活动家。她担任的社会职务很多，凡是党和人民交给她的任务，或是她认为对党对人民有利的事情，都勤勤恳恳认认真真地努力去完成，她认为参政议政是她应尽的职责。她还认识到只有知情，才能出力。所以她把随政协外出视察或参观、访问、讲学等都看成是自己学习调查、掌握情况、了解民意的极好机会。

几十年来她每到一处，首先要开座谈会，了解详细情况，掌握第一手资料，凡是当地政府可以解决的问题，她一定尽力反映，请他们帮助解决。在每年的政协大会上，她都积极发言，书写提案，为我国的教育事业献计献策，其他方面的问题也积极反映。例如，有一次霍老师来到河北沧州，看到当地严重缺水，水位很低，不仅影响了农业生产，还严重影响了人民的身体健康，有些小孩骨质疏松，很容易骨折，还有很多学生满口氟斑牙。霍懋征立即在政协提案中建议中央研究解决南水北调的问题。她看到前几年中小学生负担过重的情况后，一方面直接向教育部长反映情况，一方面和民进中央妇委会的同志撰写了《为孩子们呼喊》一书，呼吁全社会都来关心孩子们的健康成长。

多年前，霍懋征在各地视察、讲学时，深感到干部中太缺乏女同志，包括中央领导干部中也是如此。她利用各种会议时机，呼吁此事，提请上级领导重视，现在情况已有所好转。1992年在北京召开的第四届世界妇女大会上，霍懋征代表中国民主促进会参加了非政府组织论坛，由于她工作出色，受到了中央统战部的表彰。

霍懋征1998年退离一线工作，但年逾古稀的她依然非常关心青年教师的成长，因为她深深地认识到未来的世纪是教育的世纪，只有教育上去了，我们国家才能繁荣富强。她要在自己的有生之年竭尽全力奉献。所以她到处去听课、讲课，经常到农村学校为老师们排忧解难，不辞辛苦地致力于青年教师的培训工作，常常一天工作十几个小时，身边的人都说她是一头不知疲倦的老黄牛。她是青年教师的朋友和导师，并培养出无数位优秀的青年教师。在80高龄以后仍壮心不已，积极响应江总书记的号召，支持西部教育，送教上门。先后到新疆、甘肃、贵州、广西、内蒙古做教育考察，给学生捐赠图书、文具，为老师传经送宝。介绍先进的教育思想和教育手段，传递最新的教改信息、教改动态和国内外教育发展形势，交流教育教学的管理经验，宣传良好的师德典范，她为农村的孩子们亲自指导编著了全国第一套江西赣教版农村小学语文教材，把多年积累的教育教学的宝贵经验毫无保留地奉献给祖国西部的人民。

几十年来，霍懋征受到了从周恩来总理到温家宝总理等历届党和国家领导人的接见，周恩来总理称她为国宝，薄一波副总理为其题词："一代师表"。温家宝总理称她是"把爱心献给教育的人"。国务委员刘延东称她为"教育大家"。

对于自己终身从事的教育工作，霍懋征曾无限深情地说："我一生从教的体会，那就是六个字：光荣、艰巨、幸福。"

学术动态

2009年度国家社科基金单列学科工作会议召开

2010年1月12日，全国社科规划办召开2009年度国家社科基金单列学科工作会议，重要内容是总结工作，交流经验，并就修改完善《关于加强国家社科基金单列学科管理的意见（试行）》，以及如何做好新形势下单列学科规划管理工作进行深入讨论。

会议认为，2009年国家社科基金单列学科坚持以邓小平理论和"三个代表"重要思想为指导，深入贯彻落实科学发展观，全面贯彻落实党的十七大和十七届三中、四中全会精神，立足学科实际，发挥职能优势，推动管理创新，各项工作都取得了长足进步。

会议指出，今年在国家社科基金总额大幅增长的条件下，单列学科要进一步增强责任感、使命感，不断开创规划管理工作的新局面，在以下六个方面作出努力：

一是坚持正确政治方向。无论是制定课题规划，还是评审资助项目、验收项目成果，始终都要坚持以马克思主义为指导，必须旗帜鲜明、从严管理、毫不含糊。

二是遵循社科研究规律。各级科研管理部门要积极探索单列学科自身发展规律和研究规律，善于把对规律的认识与科研管理办法的制定有机结合起来，做到按规律办事、靠规律管理。

三是服务工作大局。要突出国家水准，狠抓成果质量，提高成果转化运用效益。在高度重视基础研究的同时，进一步切实增强应用研究工作的前瞻性、针对性和时效性。单列学科要在办好自身决策咨询刊物的同时，积极向国家社科基金《成果要报》和《成果文库》提供高质量的稿件。

四是充分依靠专家学者。要尊重和发挥专家学者的创造精神和聪明才智，多为他们提供机会、营造环境，使他们参与到制定课题指南、规划学科建设以及解决管理问题等工作中来，把单列学科的发展与专家学者的智慧贡献结合起来。

五是创新管理机制。要进一步改进项目中期管理，探索科学合理、方便有效的管理形式，督促项目顺利开展和提高研究质量；要进一步加强成果鉴定结项工作，把治学态度是否严谨、学术研究是否规范、研究方法是否科学等作为能否结项的重要参考因素。

六是引导学风建设。要结合自身情况，建立健全扬优抑劣的学风引导机制，鼓励甘于寂寞、潜心治学的专家学者继续深化研究，严把项目"出口关"，严肃处理弄虚作假、敷衍了事的行为。要把国家社科基金的权威性和示范性牢固树立起来，真正凝聚和培养一批学风端正、刻苦钻研、甘于奉献的优秀学者。

全国社科规划办主任佘志远同志主持会议并讲话，全国社科规划办副主任姜培茂同志出席会议。全国教育科学规划办、全国艺术科学规划办和全军社科规划办负责同志分别汇报了2009年工作情况和2010年工作计划。

教育部中小学心理健康教育专家指导委员会全体会议在人教社召开

日前,教育部中小学心理健康教育专家指导委员会全体会议在人民教育出版社举行,就建立健全学校心理干预机制、推动学校有效开展心理健康教育提出政策建议。当前,我国正处在经济高速发展的社会转型期,竞争加剧,生活节奏加快,整个社会人群的心理健康问题不容忽视。这些问题也反映到青少年学生身上,非常值得关注和研究。因此,教育部于2007年成立了中小学心理健康教育专家指导委员会,会集了20多位全国一流的专家学者。目前,这个专家指导委员会的秘书处设置在人民教育出版社,人教社副总编辑魏运华担任秘书长。

教育部副部长陈小娅在会上强调,要贯彻落实科学发展观,坚持以人为本,把中小学心理健康教育摆在更为重要的位置,总结经验,研究问题,完善政策,应对挑战,不断提高专业化水平,促进中小学生健康成长。

陈小娅指出,做好新形势下的中小学心理健康教育工作要认真研究面临的新挑战,研究当代中小学生心理状况的时代特点和社会背景,分析中小学生心理健康状况和心理健康教育存在的突出矛盾和问题,在科学判断和评估的基础上完善政策措施。要加强学校、家庭、社会间的配合以形成有效的合力。要有针对性地区分不同学生群体进行预防和疏导。她强调,要在城镇化和信息化的条件下,增强中小学生心理健康教育的针对性和时效性,避免简单化和泛化。要引导中小学教师特别是班主任关注学生日常的心理健康状况,倾听他们的心声,帮助他们及时化解烦恼,防止极端情况的发生。

据悉,为了改变中小学心理健康教育合格师资缺乏的现状,教育部中小学心理健康教育专家指导委员会决定启动"全国中小学心理健康教育骨干教师培训"。其国家级培训计划共培训500名骨干教师。由人民教育出版社出版的《心理健康教育教程》丛书(修订版)将作为此项培训计划的推荐教材。

2010年全国职业教育发展论坛举行

由中国青年报社、亚洲教育北京论坛联合主办的2010全国职业教育发展论坛——"转变、提升、适应·职业教育改革发展之路"3月10日在京举行。出席全国两会的代表委员、政府官员、专家学者、企业家以及国内重点职业院校的师生、家长代表共聚一堂,围绕怎样提高职业教育吸引力、如何调动行业企业参与办学的积极性等话题展开热烈讨论。

两会前夕,《国家中长期教育改革和发展规划纲要》(征求意见稿)(以下简称《规划纲要》)再次向社会各界公开征求意见。《规划纲要》提出,发展职业教育是推动经济发展、促进就业、改善民生、解决"三农"问题的重要途径,是缓解劳动力供求结构矛盾的关键环节,必须摆在更加突出的位置。

"在中央文件里把职业教育摆在如此重要的地位,这还是第一次。"北京市教育科学研究院副院长吴岩认为,《规划纲要》突出地体现了职业教育改革和发展任务的艰巨性,从政策设计上取得了前所未有的改革突破。

教育部职业教育与成人教育司副司长刘建同在论坛上表示,职业教育必须着眼于就业这个重大的民生工程,深化改革创新,全面提高质量,促进人的全面发展,给人以择业的自由,找到适合发挥自己才能的工作岗位,获得应有的社会地位和尊严。

农业部原副部长、中国农业教育学会会长洪绂曾建议,职业教育要更多关注"三农"。从某种程度来说,农村的孩子有较多的生活阅历,有较强的动手能力和联系实际的独立生活观念,这些优势使得职业教育更加适合他们的成长成才。

全国人大代表、山东聊城职业技术学院副院长孙菁认为,透过温总理的政府工作报告可以看出,调整优化经济结构,就会有产业结构和产品结构的转型升级,必然就有就业结构和劳动力结构的转型升级,这为职业教育的未来发展提供了广阔空间。

此次论坛将"转变、提升、适应"提炼出来作为主题词,其全部意义在于希望充分认识转变经济增长方式、调整经济结构对国民经济可持续发展的重要意义；充分认识努力提升职业教育的办学质量对于提高职业教育的吸引力、对于优秀人才培养的重要意义；充分认识通过各项改革、使职业教育更加适应国家经济社会发展的要求、更加适应人民群众接受优质教育要求的重要意义。

2010年度长江教育论坛暨《教育公平论》出版座谈会在京举行

2010年3月3日，正值"两会"召开之际和《国家中长期教育改革和发展规划纲要》开始启动第二轮征求意见的重要时刻，长江教育研究院与人民教育出版社在北京共同举办了"2010年度长江教育论坛暨《教育公平论》出版座谈会"。

这次论坛的宗旨是"进一步深化教师教育改革，大力推进教育公平"，其主要议题是研讨《长江教育研究院2010年度教育政策建议书》和人民教育出版社最新出版的全国人大代表、长江教育研究院院长周洪宇教授领衔撰著的教育学术著作《教育公平论》。全国人大常委、民进中央专职副主席兼秘书长、中国教育学会副会长朱永新教授代表全国人大常委会副委员长、民进中央主席严隽琪到会祝贺并发表了热情洋溢的讲话。出席会议的还有来自教育部师范教育司、中央教科所、北京大学、北京师范大学、华中师范大学等单位的领导、专家和学者。

周洪宇教授在讲话中指出，《国家中长期教育改革和发展规划纲要》要进一步突出教师教育和教师队伍建设的位置。为进一步深化我国教师教育改革，提升教师教育发展水平，提高教师教育质量，大力促进教育公平，长江教育研究院对教师教育问题进行了专题研究，提出了建立教育公务员制度、制定并实施教师教育专业标准、实行国家统一教师资格考试制度、完善师范生国家公费制度、建立政府购买公共教育服务岗位制度等10条关于加强教师队伍建设的政策建议。

人民教育出版社副总编辑魏运华编审主持会议并讲话。他指出，长江教育研究院自成立以来，通过搭建政府、企业、学界密切沟通的平台，创新课题研究机制，凝聚了一大批专家，在推动教育改革、教育研究与教育出版方面取得了丰硕的成果。人民教育出版社和长江教育研究院开展了多次卓有成效的合作。作为我国教育图书的重要出版基地，人教社本着"服务教育，繁荣学术，积累文化"的宗旨，在促进教育科研成果转化、推动教育理论创新等方面发挥了自己应有的作用。今后，人教社将进一步加强与长江教育研究院的合作，共同为繁荣教育学术、服务教育改革、推进教育科学发展而努力奋斗。

人民教育出版社刘立德编审介绍了《教育公平论》的编辑出版情况。他指出，为了发挥理论先导、专业引领作用，人教社最近就教育公平这一主题，先后策划出版了中央教科所所长袁振国教授主编的《缩小差距——中国教育政策的重大命题》、国家教育行政学院副院长李文长教授主编的《弱势群体高等教育权益研究》、中国教育报副总编翟博教授撰著的《教育均衡论》、云南省教育科学研究院院长李慧勤著的《期望与行动：边疆多民族地区高等教育投入研究》等一系列重点图书。此次由周洪宇教授领衔撰著的《教育公平论》也是这一系列教育专著中的一本。本书的编辑出版注重科学性与可读性相结合，注重内容编排和装帧形式的和谐统一，使之贴近读者的需求。

与会专家紧密联系《国家中长期教育改革和发展规划纲要》征求意见稿中关于加强教师队伍建设的精神，围绕深入推进教师教育改革、大力促进教育公平问题展开了热烈的讨论。同时，大家对《教育公平论》一书也给予高度评价，大家认为，教育公平是最基本、最重要的社会公平，本书有重要的学术价值和现实意义；该书是周洪宇教授领衔撰著的教育学术专著，是长江教育研究院的重要研究成果，它熟练运用理论语言和政策语言；深入、系统地论述了教育公平问题，不仅从横向对国内外教育公平的现状进行了比较分析，也从纵向进行了历史考察，还在此基础上提出了进一步促进教育公平、破解教育改革难题的政策建议和立法建议，介绍了作者近年来在中小学从事教育公平实践探索的具体情况。本书将理论与实践、宏观与微观、国内与国际、历史与现实紧密结合起来，对我国逐步解决教育公平问题、深化教育公平学术研究及构建社会主义和谐社会具有重要的理论参考和实践示范价值。

新华社、人民日报、光明日报、人民政协报、中国教育报、中国青年报、中国新闻周刊、瞭望周刊、搜狐网、腾讯网、湖北日报、武汉电视台等媒体对座谈会进行了报道。